太多「難忘」一刻的年代

呂大樂。著

中華書局

太多的「難忘」，令很多事情其實都變為是「可以忘記」的。太易得來的「難忘」，不會太難忘記，按按鈕刪除即可。

delete

代序——遺失手機的可怕經驗

17.04
2014

遺失手機是一種很可怕的經驗。而當你（險些）遺失一部完全沒有市場價值的手機時，那種經驗就更加可怕。

我用的是一部N字頭手機，機齡應該已有八年（噢，可能還不止呢！）——而當年購買的時候，一不是最新款式，二是它屬於較廉價的型號。現在偶爾於地鐵車廂內拿出來使用時，身旁的年輕人多報以好奇的眼神：大意是難得如此老爺的手機還有人使用。而曾經有過學生勸我，如果辦公室內就只有手機這件「貴重物品」，我其實沒有必要出入鎖門。

我曾試過在銅鑼灣馬路旁邊向專門收機的買手出示我的手機，可是那個人不知怎的，竟以模仿非洲人口音的英語，向我說了一些數字。我向學生請教究竟這是甚麼一回事，他猜測那可能是我的行為令人以為是來自非洲（或太平洋上某些群島）的華人，那買手還向我提出要求，要我繳付五十元，他才可能考慮收機。

話說日前我到某大學的書院飯堂喝杯咖啡，糊裏糊塗，竟遺下了手機。發現後慌忙趕回該處，看看有沒有學生已幫忙將手機交給飯堂負責人或書院辦公室。今時今日，雖然校園失竊日趨嚴重，但大學生有路不拾遺的美德（至少應用到我的手機之上），我是從不懷疑的。

飯堂負責人是一位很精明的老闆，聽過我的問題之後，他要求我說出電話號碼，好讓他確認手機誰屬。但就在我還未完全讀出手機號碼的一刻，旁邊的工友開始發表他的高見：我百分百肯定，剛才拾到的電話，一定不是學生的！將電話交給這位阿叔罷（啊！不好意思，你是教授嗎？）！不要浪費時間！誰要騙你一個沒有人想要的電話？

當飯堂老闆還未有做反應之時，說時遲，那時快，另一位工友又有意見，不吐不快：如果是學生掉了那樣的手機，他們還會回來尋找嗎？我見到這位阿叔（啊！不好意思，你真的是教授嗎？）開車來找呢！此時我插嘴，表示自己是由香港島駕車過來的。那位工友一聽到我那樣說，立即又有更新的看法：老闆，將手機交給他吧！試想一下，他將這個手機賣掉，得到的金錢（老闆很冷靜地說：如果有的話！）恐怕連交汽車過隧道的費用都不夠（啊啊！汽油也要錢呀！）呢。哪有人會開車由香港過來，為的是這樣的一個電話呢？

一時之間，討論變得熱鬧了。但老闆畢竟是負責人，他仍然問我手機號碼，然後撥電。當然，我的手機響了，物歸原主。這時候，那位老闆淡然地說了一句：那麼你便沒有需要更換手機了！聽他的語氣，好像為我感到可惜，嘗試表達他的一份同情。

這是一個關於手機的故事。遺失手機是一種很可怕的經驗。不過，假如你（險些）遺失的是一部完全沒有市場價值的手機，那種經驗就更加可怕了。

目錄

第三輯 我們都是觀光遊客

第四輯 大陸行

第五輯　作為超級電視迷的我

第六輯　一個城市不能沒有話題

第一輯

新生活秩序

在「低頭族」之前，我們有一類人很喜歡「煲電話粥」。每有一種新的通訊工具出現，大家都會表現興奮；而變得沉迷，也不叫人感到奇怪。但今天智能手機所帶來的衝擊，是它不單改變了我們的日常生活、行為習慣，而且還把過去一直奉行的待人接物的基本禮儀都改了過來。它所帶來的衝擊相當徹底。在我們的身邊，一種新的生活秩序正在形成。

因忙碌而感受存在

28.06
2012

昔日一般打工仔乘搭渡海小輪上落班的日子，早已一去不返；而我們在晚近三十年的生活節奏，的確發生了不少變化。地下鐵全線通車、鐵路電氣化，再加上新市鎮的快速發展，基本上將以前那種「慢兩拍」的生活方式（乘搭渡海小輪只是其中一個方面）徹底地改變了。

今時今日，速度、效率成為了我們日常生活中的重要考慮。當然，部分是因為生活逼人。現在一般打工仔的工時愈來愈長，準時收工或嘆一場公餘場，基本上已變為天方夜譚、頗難想像的事情。到了下班的時間，大家都想盡快回家或遠離工作地點；在這樣的情況之下，自然會十分重視交通效率。

但與此同時，我們又必須注意到，一般人的生活概念亦早已起了變化。當初發明了Walkman之後，我們還只是爭取時間，在交通往來途中聽聽音樂，給自己一點娛樂。所謂充分利用或珍惜一分一秒，主要還是想放鬆一下。到了手提遊戲機的科技有所突破，我們開始改變了自我娛樂的方式——不再是千篇一律的聽音樂，而是還可以選擇電子遊戲。但基本上，一般人在乘搭公共交通工具時所表現出來的生活方式與節奏，仍未有根本的變化。有的依舊看報章雜誌，有的玩手提遊戲機，有的投入於個人的音樂世界；雖然各有不同方式，不過大致上還是想在路途上輕鬆一下。

重要的轉變來自於手機的普及。在第一階段，我們開始利用呆在路途上的「死時間」，通過電話或短訊來處理身邊的大小事務（由正式與工作相關的，到家裏重要或不重要的事情）。在剛開始的時候我們還未有察覺這是意義重大的轉變，以為這跟聽Walkman或玩手提遊戲機差不多，只不過是打發時間的手段而已。但隨着手機及電腦科技進一步發展，我們可以在路途之上處理的事務，就更為複雜了。現在，回覆電郵、上網，或利用各種新的方式進行通訊，均成為了我們正在交通往來途中可以處理的事情。從此，我們的生活就不再一樣了。

時至今天，我們已不懂得停下來了。當我們走進地下鐵的車廂裏，看見差不多每一位乘客都帶着一種日理萬機的神情，忙着發信息、忙着回覆電郵、忙着上網……看他們的表情，他們每一位都忙得像一個總統、CEO。從他們的眼神，我們可以感覺得到，那份投入並非因為生活逼人（大部分都不是在回覆老闆的信息），也不是完全非自願的。我甚至有種感覺，他們大多數都頗為享受這樣的生活節奏；給他們停下來或慢下來的機會，也未必一定接受。很多時候，他們甚至得意忘形，撞着地下鐵的車門，甘冒捱罵的風險，也要先完成撰寫短訊，並將它外傳出去。

這是一種新的人生態度，因忙碌而感受到自己的存在。

當難忘一刻變得可以輕易忘記

26.05
2010

近年參與年輕朋友所搞的聚餐，最不習慣的是他們意圖將每一碟菜都拍張照片的做法。吃過一頓晚飯，大大話話拍了三四十張照片（意思是存放在數碼相機或手機內的檔案），當中有不少只是食物一碟，別無其他（間中可以加插人物，但相信作用只在於說明物件的比例，而不一定為那人留影）。我們事後可以通過互聯網上各種安排，看到當時拍下的照片；「難忘的一刻」，就此呈現在大家眼前。

我的問題是：究竟這些時刻有多難忘呢？

先別誤會，我對年輕人喜歡攝影這行為、興趣，並無反感。隨着電子攝影器材成為絕大多數人隨身必備的物品之後，攝影便成為了即興的活動，真的是想做就可以去做，實在沒有必要思前想後。多年前流行拍攝「貼紙相」的時候，要即興拍照，起碼要到商場或其他地方找到那台照相機器，還要投入硬幣，才能完成整套動作。但今時今日，自從電子攝影變得普及之後，拍照（應說是一切影像記錄）基本上已不再是甚麼一回事，與之所至，拿出器材，按鈕便是。從此以後，我們無時無刻、無分地點，只要有所需要，便可以有一份影像記錄。

上課抄筆記？不如以拍照代替。這只是一個例子，但可以說明電子攝影器材如何迅速地改變我們的生活細節。

事實上，它們帶來的轉變，還不止於生活上的不同方面；它們甚至改變了我們跟媒體的關係。因為電子攝影器材是大多數人隨身所備，於是我們這些平民百姓，可以成為電子新聞媒體的「線人」，人人都有可能在無意之中置身於新聞現場，將所見所聞拍攝下來，每一個人都可以參與「報料」。

感謝那些開發數碼電子攝影機或將攝影功能引進手提電話的發明家，他們改變了攝影的意思，令攝影（作為一個動作）變得實在不可能更為方便了。也因為這個原因，我們從此增加了大量電子影像記錄。

現在，我們經常對自己或身邊的人說：把這珍貴的一刻記錄下來！於是，在歡送會上，我們拍了不少照片；出外旅遊，大拍特拍……這晚聚餐，有人認為應該將每一道菜都記錄下來。但前晚幾個人吃的只是意大利薄餅，結果也一樣拍下大量電子影像記錄。我隨意地問了一個問題：日後真的會記得這塊味道平平無奇、賣相一般得不能再一般的薄餅嗎？今天真的如此難忘嗎？

在我眼中，這的確是一件較有諷刺味道的事情：在電子攝影器材全面普及的今天，我們拍下了無數「難忘」的鏡頭；可是，很多「難忘」的事情瞬間便成為過去，在我們腦海中一閃即逝。今天，問題是我們擁有太多電子影像記錄，太多的「難忘」，令很多（如果不是更多）事情其實都變為是「可以忘記」的。太易得來的「難忘」，不會太難忘記，按按鈕刪除即可。

一心多用

13.11
2013

現在我們日常生活的一項特點，是multi-tasking，在同一時間之內，同時處理不同的事情：手、足、口，同時開動。直接地説，是一心二用，又或者三用、四用；總之，今天做起事來目不轉睛、專心一意早已不再是優點（這很有可能在不久的將來，甚至會被視為缺點）。又或者可以這樣説，今時今日，「心散」是日常生活中一門不可缺少的技能（而我在小學、中學階段——因為每天邊看電視邊做功課，身在課室心在球場——便早已發展出這方面的專長，只可惜當時很多老師都缺乏遠見，未知道數十年後那將會是一種難得的本領。幸好我並沒有因為得不到鼓勵而放棄鍛練「心散」術，日子有功，今天隨時可以一心數用）。

之所以會這樣，很大程度上是拜電腦、手機所賜。而在智能手機大行其道的今天，就更加將這種處事的方法推而廣之，深入社會上各個分層——性別、階級、種族、年齡（其中以跨越年齡組群最有意思，因為當成年人也變得「心散」，經常一心二用的時候，這種生活態度便大大提高認受性，而小孩、青少年出現同樣的行為，捱罵機會大減）。而我們在大多數公眾場合裏，都會經常見到普羅市民在「表演」他們一心二用的能力。他們無論坐着、站着，是走動中或是靜下來，總是同時正在處理兩三件事情。你跟他們談話的時候，總會發現人人心有旁騖，你不一定會因為站在他們的面前，便可取得注意的優先權。在這個資訊科技的世界裏，每一個人都好像同時要跟無數的人保持接觸。而這種聯繫與接觸不單只是不能停頓下來的，而且還要即時回應。有要事在身，不是合理的藉口；因為有其他人在身邊，所以不便回應，也不再是合理的解釋。因為要隨時候命，並且立即回應，所以不得不 multi-tasking。這樣的要求不會因你所處的位置、時區而有所不同。

我曾經説過，時下一般人都表現得好像無時無刻不是日理萬機的模樣

（見地鐵車廂內乘客的百態）。有觀察家指出，這是一種「好像身處別處」（being elsewhere）的狀態。所謂 multi-tasking，其意思並不限於一心二用，而且還包括（精神上的）進出不同的生活或活動的領域。這是無線移動電話首先帶來的重大突破——現在，我們無論身處何地，均有辦法跟完全是另一個場合或甚至是另一個國家的人保持聯絡。而當這種科技進一步擴展至電腦、手機隨時隨地上網時，這種精神世界的漫遊，便成為了大眾生活的一環。

所以，「魂不附體」乃正常的狀態。甚麼「工作時工作，遊戲時遊戲」的說法，亦已完全過時。以前專注力不足是一個問題，現在專注力太強可能更有問題。今時今日，一切事情都是以同步的方式平衡發展的，傳統意義上的先後優次，早已不合時宜。

紙筆談

05.10
2011

在我成長的過程之中，鋼筆並不只是一件書寫的工具，它也是一個符號，是身份象徵，更是建構個人形象的重要物品。今天，跟年輕學生談起鋼筆的意義與重要性的時候，他們的反應一般都是：沒有那麼沉重罷！的確，今時今日，我們當然總要書寫，但大可無筆無紙，亦一樣可以將東西記錄下來。以紙和筆組成的文化生活，正在以極高的速度消失之中。

我說鋼筆曾是身份象徵，所指的不是將名貴自來水筆插在恤衫口袋，以顯示個人財富（當然，鋼筆的確也有此作為地位象徵符號的功能），而是購買第一支水筆曾是我們成長過程中「成人禮」的一環。以前小學學生抄書寫字，由以鉛筆書寫開始；到了四五年級的時候，則開始學習以墨水筆來做功課。早年原子筆的科技尚未成熟，常有漏墨或墨汁並不均勻的情況，效果並不理想，有些學校的老師甚至禁止學生用原子筆來做功課。於是，當時如何由鉛筆「升級」為以鋼筆書寫，乃一件人生「大事」。在課室裏，班長增加了一項工作，這就是要向班裏的同學徵收每人一角，然後購買若干瓶墨水，供同學臨時有需要時能補充墨水，順利完成各種堂課。更重要的是，我們有十分充分的理由，請爸媽給我們購買一枝屬於個人使用（因需要帶備回校上課）的鋼筆。

我的第一枝鋼筆是英雄牌產品，購買時店員還很詳細地解釋，日後如有需要，可以更換筆嘴，只要好好愛護，能用至中學畢業云云。在小學的所謂高班（主要指小五、小六）階段，有兩件物品是小男生（小女生可能有不同的想法）視之如珠如寶的：一是鋼筆，二是學生錶。我在中四之前都沒有自己的手錶，所以那枝（雖然會漏墨水的）鋼筆，特別有意思。

大概因為自己是在這種鋼筆文化之下長大，總覺得拿出紙和筆來將資料、事情記錄下來，不單只是一個抄寫的程序，而且還會給人一種對事情重視的感覺。這是我在前面所提到鋼筆也是一種用以建構個人形象的重要物品的意思。在很多人眼中，一位對鋼筆很講究的人，相信會有一定的文化程度。以前很多白領喜歡在恤衫口袋插上水筆一枝，除了實際工作需要之外，也是一個向人表示自己從事寫字樓工作的符號。

長篇大論，究竟以上所講跟資訊科技和電子產品有何關係？關係在於今天大部分人都不再需要拿出紙和筆來做記錄了。有時候學生連筆記也不再抄寫了，拿起手機將簡報幻燈片拍下，便已經可以有效地將自己需要的資料記下來。對我這類拿着紙和筆長大的人來說，這種高科技記錄的手法在感覺上很陌生，也不太懂得欣賞。不過，大勢所趨，紙和筆已不再是必需品了。

隨時爽約的年代

20.11
2013

與學生約好於下午二時在班房門外見面，結果等了十五分鐘，全無蹤影。回到辦公室，打開電腦，發現電子郵箱有他的信件——一時五十三分收到，原來他另有事情，臨時有變，要取消約會，稍後再約。以時下一般學生的行為習慣而言，這已算是相當負責任的了——至少嚴格上他並沒有遲到，也不算是沒有交帶。起碼他在約定的時間之前已發出信息，通知約會取消，只是他大概不知道我並沒有智能手機，以致無法在最後的幾分鐘內收到他傳上的電郵。在這個「E接觸」的世界裏，他沒有做錯。

我們必須明白，自從流動電話於多年前普及起來之後，日常生活中的各種規則便逐漸起了變化。九十年代開始，跟一些舊生約好聚舊，相約某月某日幾點在地鐵站某某銀行集合，常會出現有人臨時來電表示未能出席，或要求提供位置，稍後再電聯確實（例如未能參加飯敘，但有興趣飯後邊飲邊聊天）的情況。當初很多人對此均有頗大的反應（覺得這跟爽約沒有甚麼分別），但日子久了，習以為常，只要在集合時間前發出信息，便不是問題：已通知的爽約便不是「甩底」，而已通知的遲到便變為「稍後到達」的意思。資訊科技的發展的確改變了我們的生活——還包括嵌於日常生活中的種種規範。我們的期望有所調整，很多生活細節已由難以接受改變為不是不可以接受。

從這個角度來看，那在最後幾分鐘才發出電郵的做法，只是上述趨勢的延續，基本上不是甚麼新鮮事物。今時今日，大家都在這種「Just-in-time生活」裏活動，對於時間早已另有一番了解。以前還是使用固定電話的年代，甚麼事情都要一早約好，沒有臨時改變這回事。當時「甩底」是十分嚴重的事情，對個人聲譽有損；而守約、守時，乃應份的事情，大家對此均態度嚴肅。至於在書信的年代，對於約會的態度必定更為認真。事實上，在書信或使用固定電話的年代，一切都要事前溝通，按一早定下的安排辦事。但這一切均在資訊科技發展所帶來的衝擊的影響下，發生了重大的改變。以前，時間是有重量的；現在，大家以輕鬆態度對待。我們對「臨時」這兩個字的理解，是以最後的一分鐘（甚至三十秒）為準。

今天，我們不單只可以在最後一分鐘改變主意，而且還振振有詞、大條道理，一切都可以解釋得過去（例如突然發現原來時間上並不許可）。而負責組織聚會的人，亦一早將這項變數算進計劃之中——一個十人的聚會，心底裏打個八折（所有人準時露面，反而會令人措手不及），到時八人出席，已算有所交代。而缺席者來個電話：我還是來不了，大家盡興！我們下次再約！這樣做算是一種很有體面的處理方法。總之，時間上剛剛好。

與升降機談戀愛的年輕人

01.05 2013

在最近幾年，我一直十分好奇，為何大好青春的學生們，會跟升降機談戀愛。

我的意思是：他們真的很喜歡乘搭升降機，而喜歡的程度遠超於我所能想像的。舉一個例：今時今日在大學校園，每天不分上晝還是下午，都會見到學生們默默地等待升降機的來臨。他們靜候升降機時表現出來的那份耐性，和他們眼睛流露的那種癡情，實非筆墨所能形容。即使他們只是需要由LG前往G層，亦一定會——就算是最繁忙、最擁擠的時段裏——靜心等待他們的升降機。我看他們的眼神，他們肯定並非嫌扶手電動樓梯麻煩（走路一分鐘便到，而全程由LG到達G層，相信是在兩分鐘之內，十分方便），而不考慮放棄使用升降機。試想像一下，在那些繁忙時間裏，乘搭升降機時，常常給人群將自己推到死角，擠在最後的一排。然後，一瞬間升降機便由LG到達G層（又或者由G到一層、由一到二層之類），他們便要由最後一排的位置，想辦法（不要忘記，站在最靠近門口位置的同學，通常都是很講原則的人，不會隨便退讓，有他們把關，難越雷池半步）在關門之前離開升降機。坦白說，這並非一般等閒之輩可以做到的事情。更重要的是，當他們成功離開升降機之時，躊躇滿志，像要告訴其他人，他們又可一親香澤，再次接近了心愛的升降機。

我想說的是，雖然他們差不多每次都要花九牛二虎之力，才可以擠入升降機，但這亦不會阻止他們作出相同的嘗試。無論晴天雨天，他們一定癡癡地等，永不放棄。

以我所見，在校園裏，一般教授便完全沒有這份能耐。面對那些等待升降機等得眼睛發亮的學生，教授們多屬投降派，不戰而走。當大堂擠滿人的時候，他們多數會轉用其他方法——如果是往下走的話，很多教授想也不想便行樓梯。明顯地，他們並沒有學生的那種生活及時間觀念。

更重要的是，需要由G到一層而乘搭升降機，教授們多數都會覺得尷尬。至於學生們，他們愛乘搭升降機，更愛遊「電梯河」。很多學生從不留意究竟升降機是往上還是往下的，只要大門打開，便不理三七二十一，走進電梯再算。今天，這類「電梯漫遊」是常規而不是例外，是大學校園中的重要一環。久而久之，我亦見怪不怪了。我甚至開始相信，這是新一代的慢活：既然搞錯了，不如用手機覆一個短訊，又或者玩一個電子遊戲，生活也挺充實的。

在不久將來，或者學生們會考慮成立一個升降機學會，為會員提供乘搭不同類型的升降機的機會（可考慮到海外交流），彼此交流經驗、分享心得。又或者舉辦升降機常識問答比賽，提高大家對電梯的知識。總之，不愁沒有活動。而同好者人數眾多，這個學會的前途一片光明。

「玩䡉」

30.10
2013

小時候在公共屋邨長大，很難説從未試過「玩䡉」。如果要問這個問題，應該問：當年有幾經常「玩䡉」？到了甚麼年齡才停止「玩䡉」？

現在回望過去，當然可以很容易和輕鬆地將「玩䡉」這回事，解説為年少無知的時候的無聊玩意。但假如我是這樣解釋的話，我絕對是不坦白。

説老實話，當年在屋邨內「玩䡉」，那份快感至今仍有相當深刻的記憶。兩三個小朋友一起在邨內做一些無聊的事情，是「暑期活動」的其中一部分，而「玩䡉」是當中的一個項目。

這種無聊玩意的高潮，在於給人製造麻煩，但又不會為人所發現。

「玩䡉」基本上是小學階段的無聊玩意，踏入中學之後，或多或少因為進入了青春期，注意力都轉移到其他方面。而關於「玩䡉」這回事，自己的角色也逐漸由搞事者變為受害人。屋邨內的無聊小子從來不缺，要找人繼承，就更不是問題。當無聊小子長大後不再對「玩軭」感興趣時，他們便轉為乘客，成為了被玩的對象——走進升降機後發現每層都要停下來（還好的是我住的屋邨並不是每層樓都是電梯直達，只有四、六、八、十這四層有升降機服務），為之氣結。

突然談起「玩軭」，原因是近年在本地大學校園出入，經常會遇上一批奇怪的電梯乘客。時下年輕大學生對升降機情有獨鍾，這一點我已經寫過。但他們不單只喜愛乘搭升降機，而且有着一套頗為特別的「搭軭」方式。舉例：當他們需要往上時，也會按往下的按鈕。當然，我明白使用升降機人數眾多，若不爭取盡快進入電梯，則可能因廂內爆滿，苦候多時亦無法去到想去的樓層。但很多時候他們並非因為實際考慮而這樣做，而是反正沒有甚麼成本，也就沒有甚麼所謂了。

日前我在大學乘升降機往上層，到了二樓，大門打開，一對男女同學顯然是同時按了「往上」和「往下」，很想在人潮出現之前擠入電梯。男的問：往下嗎？我搖頭表示不是，解釋電梯正在往上。他擋着大門，然後跟女伴商量究竟如何是好。由於這是一個相當嚴肅的決定，兩人也就很認真地討論起來了。女的望着電梯內的我，表示不好意思後，沒有立即決定是入是出，反而繼續討論。男的再問：不是往下嗎？我在想這可能是心理學的一項小組實驗，又或者外面某處暗藏攝錄機，打算拍下教授發脾氣的神情。於是我答道：據我所知，應是往上的；但有上必有落，what goes up must come down，隨遇而安罷。那對男女最後決定捨我而去，選另一部升降機。整個過程用了差不多兩分鐘。他們能在短短不到一百二十秒的時間之內，作出人生中一個如此重要的決定，殊不簡單。

我回到辦公室，突然很想重拾「玩轞」的樂趣。只可惜今天處處都是CCTV，舊式「玩轞」風險頗大。

輔助八卦功能

28.09
2011

感謝時下電子科技及資訊產品為我們日常生活帶來的轉變，今天我們的生活的確跟過去的很不一樣。

事緣日前到海外參與會議，出席該會的教授共處同一酒店，早晚見面，很快便將所有要講、想講的話題消耗得八八九九，於是大家閒聊的題目開始轉向一些學術界的八卦話題。話題一經打開，大家所講的（不幸地）都集中在當前內地學界的情況，而題目就圍繞着抄襲、造假、騙色這幾個方面，例子一個接一個地列舉出來。由於參與閒聊的都是圈中人，所以就算不公開學校、人名，甚至盡量點到即止，避免令人有所聯想，但大家基本上大都心中有數，了解牽涉其中的人和事。就是這樣，大家講了好幾個案例，八卦一番，哈哈大笑。

讀者或會覺得奇怪，為何教授們談論學界醜聞之時，不是慨嘆世風日下，搖頭嘆息，而是哈哈大笑？原因其實相當簡單，一是同類事件之多，要搖頭嘆息的話，恐怕整個晚上就要不停搖頭，停不了下來；二是那些故事早已流傳一段時間，再沒有人會假裝同情或扮作客觀，將它們以笑話形式表達出來，有時反而可以避免尷尬；三是當作笑話看待，可避免與當事人（不排除有可能認識）扯上關係，保持一點距離。所以，大家哈哈大笑，不當作是甚麼一回事，其實有其很實在的社會功能。

但當講得頗為熱鬧之際，某教授表示坊間傳聞並不可靠，很認真地解釋最近某宗流言，當事人並非很多人猜測的X君。換言之，該流言的男主角其實另有其人。在互聯網上之所以流傳X君，主要因為他一向為人高調，而且還有過鬧出醜聞的前科。但某教授很實在地説：信我！我知誰是主角。

此言一出，大家譁然。接下來就是智能手機和平板電腦發揮其輔助八卦、吹牛的功能的大好時機。某教授先從網路上找來X君玉照，再而尋找及展示在虛擬世界中的各種傳聞。對於網路上的各項八卦消息，他逐一反駁，結論是X君曾經抄襲，卻不似是好色之徒。然後，他再氣定神閒地從網上下載男主角的照片，一時之間八卦消息當事人的盧山真面目就在眾人眼前。而在這基礎之上，某教授開始他的分析和推理，然後很有系統和層次地將他的證據、論點列舉出來。坦白說，我八卦多年，從來未試過可以八卦得如此具體（及有實證基礎）。

這是有調查研究基礎的八卦活動，大家不再只是隨便地聊聊、說說便算，而是尋根究底。今天，在社交場合吹吹牛，隨時給別人現場「踢爆」。稍為資料欠準、證據不足，人家即時給你更正。感謝智能手機、平板電腦等最新器材所帶來的轉變，今時今日吹牛、八卦，少來胡扯，而是必須有調查研究的支持。究竟這有沒有提高我們的生活質素，我不得而知，但肯定大家八卦的時候，都較以前嚴謹，有時甚至要交代一下方法學呢。

補e-manner的課

16.06 2010

現時不少大學都會安排一些機會，讓同學學習社交、餐桌禮儀，而這些活動亦頗受同學歡迎，經常一早宣佈滿額。不過，說起來有點尷尬，其實到目前為止，自己（雖然也可以說曾經是這些活動的組織者）並未有出席過這類活動。那不是因為導師講得不夠動聽，而是必須承認，自己對這個課題是有着一些不一定很客觀的想法。關於社交、餐桌禮儀，我總覺得只要個人有觀察能力、common sense和一份自覺，應該可以無師自通；再者，很多關於禮儀的細節，理應早在成長期間便從家中學習得到，毋須向外求教。

這些社交、餐桌禮儀講座與活動大受歡迎，多少說明我的想法有錯誤。而我的錯誤基於兩種不同的可能性：一是禮儀、儀態並沒有無師自通這一回事，所以很多年輕學生覺得有需要補補課，是很容易理解的事情；二是我們不能假設時下年輕學生一定有觀察能力、common sense和一份自覺，要求他們無師自通，是會有點困難。但無論如何，社交、餐桌禮儀講座受到歡迎，是的的確確的現象。

我很好奇，很想知道究竟這些社交、餐桌禮儀講座會否包括如何正確處理電子產品（尤其是手提電話或其他通訊儀器）的環節。自從這些隨身電子產品日趨普及之後，我們待人接物的方式的確起了重大變化。第一波是因為手機普及化從而需要要求有關人士於某些場合關掉電話。曾幾何時，在大學的課室之內，各種趣怪手機鈴聲一浪接一浪地響起來，甚為擾人。不過，在適當勸導之下，大部分學生很快便接受關機或轉為震機的安排，課室很快便恢復寧靜。當然，課室寧靜是否表示學生留心聽講，兩者並無必然關係。今時今日，學生帶筆記簿型電腦來到課室，究竟是上網下載幻燈片、筆記，還是在回覆電郵或另有玩意，誰都不敢肯定，也沒有必要太認真計較，反正學習是學生自己的事情。

現在我們身處的是第二波的階段：跟年輕人進餐、飲茶聊天，他們經常中途要回覆短訊。我感到好奇的是，究竟我們對此有沒有一些看法。舉一個例：日本人不會在公共交通工具上講電話，這是一種態度。我自問覺得那些邊跟我聊天邊回覆短訊的人，行為有點令人煩厭。我一直以為自己跟他面對面交談，應有談話的優先權；但很多時候，我卻在跟一位一面間中有所回應，一面按鍵覆信的人講話，很難符合我對「尊重」兩字的定義。或者，現在是時候去組織一個關於 e-manner 的講座了。

各位讀者，千萬不要誤會，以上所講的並非只發生在年輕人身上。我認識的中年工商界管理人員、專業人士，以至大學高層，十居其八都有這種在別人面前寫短訊、覆電郵的惡習，只是他們習以為常，或下級不好意思提出批評而不自知而已。要聽 e-manner 講座的，不分年齡。

第二輯

少不免會懷一下舊

很多人都喜歡懷舊，而這玩意也不只限為屬於某一代人的興趣。以前我們經常聽到有人懷六十年代、七十年代的舊，而現在八十年代、九十年代亦已納入懷舊的範圍。懷舊肯定不是只有某一代人才感興趣，更不會是他們的專利。懷舊之所以如此普及，當中一定有其樂趣所在。樂趣來源之一，是只有好的事情才會納入懷舊的框架之內，就算在舊日的日子裏吃過不少苦頭，但我們只會記得如何苦中作樂；至於不好的事情，可以是記憶的一部分，不過那不會在懷舊的過程中浮現。

拜年，曾經很簡單

13.02
2013

在記憶之中，農曆新年有熱鬧的一面，也有寧靜的一面。先談寧靜的一面：以前很多店鋪在農曆新年期間都會休息一段頗長的時間（對勞苦大眾而言，那是全年最主要的休假），以食肆為例，好些一早便歲晚收爐，然後到初七才啟市。至於年終無休的，則在新春大吉之日，以加二、加三收費。那個時代大家都不會期望服務業於新年期間照常營業，不似得現在的情況，不單只要求全年不停服務，最好更是年三十至年初一廿四小時通宵營業，為消費者提供方便。雖然有些理髮店會在年三十晚營業至清晨（事關不少女士會在新年前最後一刻趕做恤髮、電髮），但大部分食肆、商鋪、公司均清楚表明新年休假。以往新年是大節，休息是理所當然；今天，我們則似乎更多是從消費者的角度來考慮問題，沒有怎樣想過服務員、售貨員也有家庭，他們也應該放假回家準備與家人渡過新年。

至於熱鬧的一面，小時候要跟爸媽外出拜年，而場面總是熱熱鬧鬧。在我眼中，拜年是一項頗為悶蛋的活動。那些一年才見一次的「大人」（泛指爸媽的朋友和一些很少往來的親戚），總是每年都重複提問相同的問題。明顯地，他們從來沒有認真將我們的答案記下（當然，我相信那都不是他們關心的問題，無心裝載，不難理解），而當他們再次發問的時候，也不見得真的想知道答案或衷心了解我們的近況。那些一問一答其實只是整個拜年程序的一環，只要大家通力合作、有問有答，順利完成這項社交活動，下次再見面之時已是明年的事情了。到時大家又再重複整套動作，相同的問題、類似的答案，一年又過一年。

在六七十年代，我沒有見過在拜年活動中有兒童即場表現那樣的項目；當年的團拜，基本上是成年人一堆，兒童少年另一堆，各有不同的世界（例如前者開檯打麻雀，而後者在走廊玩燒爆仗、跳飛機）。那兩個不同的世界，和平共存。可是，到了八十年代，時會見到一些家長吩咐自己的孩子唱歌、彈琴娛賓；不懂樂器、唱歌的，可能會改為朗誦、背詩。總之，孩子的角色開始有所變化。而孩子們在眾成年人面前作才華表演，成為了某些圈子的拜年活動的其中一個項目。現在事後看來，那可能是學童參與各種興趣班日趨普及的時期，於是家長會期望孩子在一眾世叔伯、嬸嬸阿姨面前好好地露一手。

可幸自己還是中、小學生的年代，並不流行這一套（當年有條件學彈鋼琴的是極少數，家裏有鋼琴者就更是少數中的少數）。當時跟着爸媽外出拜年，或者是相當沉悶，但好處是沒有甚麼壓力；況且有利是可拉，總算有點收穫，不會只得捱悶一整天，空手而回。拜年，曾經很簡單。

「拜年口才」訓練班

22.01
2014

「拜年口才」訓練班一經多份報章報道，再加上廣播電台介入討論，一時之間成為了城中熱話，市民反應極大。不知何解，對於這樣的一種「教育服務」，罵的多，讚的少。參與議論者大多批評「竟然拜年都要人教？」，又或者質疑會否「教壞細路」（令小孩變得口甜舌滑，以此大拉利是？），總之屬負面居多。對主辦課程的負責人、購買有關服務的家長，各打五十大板。

但主辦機構之所以覺得這可以是一項收費服務，相信對市場需要有所了解和評估。當然，他們的判斷有可能是錯誤的，而結果將會是做了一次虧本的生意。但我有理由相信，他們亦未至於憑空想像，完全沒有半點根據而決定在市面上推出有關服務。我會想像，他們總有一些觀察，然後才會認定這有可能是一門（賺錢的）生意。值得我們了解的是，究竟他們看到市場有着哪些需要。

有人認為「拜年口才」訓練班的出現，表現出當代家庭的危機——新一代家長連教導孩子最基本向長輩拜年、祝好的態度與禮儀亦要假手他人，最簡單的家事亦需要外求，可見這些家庭在教養小孩方面的能力，已跌至新低。當家庭已變得如此缺乏自信的時候，它們在教養孩子的問題上餘下的是些甚麼東西。這樣的分析指出了問題，而且也嘗試解釋為何家庭教養小孩的日常程序，到了今天可以成為市場上的商機，有人有興趣和利益將它們轉化為可購買的服務，滿足需求。不過，假如我們看深一層，則又不難發覺情況似乎不是如此簡單。引發這個服務、產品投入市場，背後應有更深層的意義。

我們必須明白，購買服務的是家長。他們要考慮的問題，應不只在於孩子是否懂得向長輩拜年，又或者說些應節、得體的吉利說話。假如問題只在於拜年的基本動作，那就真的不會太過複雜，毋須勞師動眾，事前補課、操練。很多家長關心的，是跟其他親戚朋友比較，自己的孩子有何表現。新春拜年是家庭、集體活動，在眾人面前，誰家孩子聰明活潑、大方得體，誰家孩子害羞、不善辭令，往往是這些聚會上的一個話題。究竟有多少家長會介意這些小事，這不得而知，但可以肯定，有一定數目的家長對於自己孩子在社交活動上未能令人留下良好印象，心中並不好過。孩子如何可以在新春拜年活動中，於親戚朋友面前表現加分，其實是一個困擾着不少家長的問題。他們口說不要小題大做，但內心則始終很想自己的孩子表現過人。他們不會宣諸於口，但心裏卻經常為此而有所不安。

跟很多親子服務一樣，「拜年口才」訓練班的真正意義不在於幫助小孩學懂拜年，而是令部分家長覺得已嘗試為問題找個解決方法，使他們減輕心理上所承受的壓力。

懷念渡海小輪

21.11
2012

某天跟朋友一起於下班時段擠地鐵前往一個約會，大家於那滿載乘客的車廂之內聊天，話題扯到昔日乘搭渡輪過海的日子。兒時家住北角邨，前往紅磡、九龍城和觀塘的碼頭就在屋邨旁邊，所以有頗多乘搭渡海小輪過海的經驗。對於渡海小輪的生活節奏與方式，算是有一點點了解。

曾幾何時，乘搭渡海小輪是過海的主要（甚至是唯一的）交通工具，乘客數目眾多。由於有大量乘客，早晚人流極高，於是碼頭附近一帶成為了商販聚集的地方，其中售賣各種食物——由飲品到零食、水果到熟食，應有盡有——的流動小販攤檔就更是活躍。記得當年北角政府印務局後面的一條小巷，每天晚上都會變為美食街，很多渡輪乘客在上船或落船前後，都會在那裏買點小吃。而在進入碼頭之前，路旁有好幾檔海鮮小販，另外還有多檔報刊雜誌商販。那個年代很多人都有讀晚報的習慣，上船之前買一份，在渡輪上可以慢慢細讀。現在回想起來，那個時代雖然搵食艱難，但一般升斗市民倒會在有限的資源底下找點樂趣。下班回家，扭開電視，「日頭猛做，到依家輕鬆下」。在工廠興旺的日子裏，很多工人經常加班，有的甚至為了多賺一點錢，會跑廠「炒件」*做到天光也。生活擔子不輕是一回事，但在可能的情況下，他們能以低廉消費的方式來令自己輕鬆一下。

今天，下班時間大家擠在火車、地鐵裏，卻似乎完全是另一種心情。工時愈拉愈長，自然令大部分上班族極度渴望在最短的時間之內回家（或另赴約會）。乘搭渡海小輪下班，早已成為小眾的選擇。主流的選擇絕對是大型集體運輸系統，而新市鎮發展更進一步鞏固了這種趨勢。今時今日，就算市面存在一種節奏較為緩慢、輕鬆的交通方式以供選擇，恐怕一般市民也未必會感興趣。速度、效率和可靠性（即較少受到誤班或路面交通狀況的影響）是大家最主要的考慮。

以往乘搭渡輪下班時，會覺得那是一種休息：有的享受那陣陣清爽的海風，有的閉目養神，也有的很認真地細讀晚報版面上的專欄……總之，各取所需。有時上船、下船前後，還可以趁一下熱鬧，看看地攤小販擺賣些甚麼玩意，嚐嚐街邊小吃，然後才回到家裏。在那個年代，碼頭之所在地，通常也是各條路線巴士的總站，所以人氣特別旺盛，而附近的地方都成為了大大小小的非正規夜市，頗有特色。

這種情況在出現了隧道巴士服務之後，仍未有重大轉變。真正的衝擊，來自於地下鐵。從八十年代開始，香港人的整套公共交通文化及相關的生活方式、節奏，慢慢改變過來。地鐵的出現改變了我們對交通時間的看法，從此速度與效率壓倒一切。

*炒件：隨「包工頭」到工廠裏處理生產工序，按部門或整件生產，在指定時間內完工。此乃部分熟手技術或半技術工人晚間賺取外快的一種方法。

窮風流

05.12
2012

談昔日乘搭渡海小輪上下班的日子，引來一些朋友的提問：是否有把舊日的生活太過浪漫化之嫌？難道已經忘記了以前那些骯髒得不得了的油蔴地小輪嗎？忘記了坐在低層會給海水打濕衣衫的情況嗎？忘記了船隻還未泊好，已有很多人急趕上岸的情形嗎？

我完全無意將舊日的生活浪漫化，也正是這個原因，我在文章裏隻字不提渡輪上的環境與條件。同樣，我亦沒有描寫街邊熟食小販的衛生狀況。坦白說，若以今天的標準和期望作為參考，昔日很多東西都會變得難以接受。而事實上，假如我在懷舊，要懷念的也不是渡海小輪又或者街邊熟食小販，而是那個時候在普羅大眾中間流傳的一種生活態度。

在我看來，那是一種「窮風流」的生活態度——雖然收入有限，負擔不起花費，但仍會要求提高一下生活質素。這裏說的並不是大魚大肉，也不是甚麼高檔消費，而是下班後通過公餘場去看一齣之前錯過了的好電影，又或者吃一碗認真做好湯底的雲吞麵。當然，這需要客觀的條件配合；舉例：由於當時普遍存在各種非正規經濟活動（街邊小販、大排檔是其中一些例子），要尋找好的東西，又真的不一定需要花費很多金錢。不過，最為重要的，還是要抱着一種態度和一種心情。

關於生活態度，核心問題是無論生活如何困難，在有可能的條件之下，會嘗試尋找改善的空間。在以前那以製造業為主導的經濟環境裏，多勞多得；有機會加班，便可多賺一些錢。加班的收入不一定很高，況且更需要將部分儲起來或拿回家作為家用，剩下來可以隨意使用的，其實十分有限。不過，雖然錢不多，但總可以撥出一些給個人享用——到大笪地找個裁縫做件恤衫，順便吃一碗豬雜粥，便很有滿足感。如何讓自己的生活過得好一點，是一種要求。那時候的消費，量不大，而次數也不頻密，但會珍惜每一次機會。

那時候的生活也需要某種心情來配合。舊日很多人身兼數職，隨時有第二、第三份工作，而工作時間亦可以很長（尤其是製造業工人）。論忙碌程度或生活壓力，絕對不在今天之下。與此同時，當時很多打工仔全年就只有在農曆新年放假，根本沒有假期的概念。不過，話雖如此，那時候很多人懂得慢下來、閒一下；在有限的時間，偶然片刻清閒。

今時今日，我們既沒有那種態度，亦缺乏那種心情。大家都似乎習慣了那種日理萬機的生活節奏，不嫌太快太急，只怕太慢太閒。處於靜止狀態會令人產生壓力，趕快要為自己找點事情來做。誠然，時間十分寶貴，但這並不等於靜下來、閒一下是浪費光陰。懂得休閒、輕鬆，生活才會有樂趣。

自從消失了公餘場

02.06 2010

香港人的工作時間很長，只要傍晚到金鐘、旺角地鐵站月台待三四分鐘，便可以有所體會。投訴工時愈來愈長，相信不會引來反對意見。就着工時問題，我懷疑在過去三十年裏，我們的下班繁忙時間，很可能延後了足足兩個至兩個半小時。今天，能夠在五時下班的僱員，肯定屬於少數。

曾幾何時，我們的電影院有公餘場的安排，編在下午五時三十分開場，專門播放一些二輪電影。當然，公餘場的衰落，背後有多種原因，原因之一是今天大部分觀眾都不會考慮跑到戲院去看二輪電影。自從出現了錄影機及影帶影碟租賃服務之後，觀眾的行為便出現轉變，而電影院公餘場（即在指定日期及時間於特定地點觀看電影）的吸引力便隨之而迅速下降。但我相信，令公餘場全線消失，同樣重要的因素是，到了今時今日，由洋行大班到寫字樓小職員，還有誰可以在五時左右收工？舊日在放工之後，觀看公餘場然後回家的日子，今天聽起來十分遙遠。以往公餘場觀眾數目眾多，足以形成一種在市場上的需要。現在情況早已有變，大家的生活時鐘，統統向後伸延。

如果長工時令電影院公餘場逐漸消失，只是個別現象，跟日常生活其他方面的變化無甚關係，那我們大可放心。問題是在過去的二三十年裏，長工時似乎開始不斷蠶食平民百姓的生活空間與樂趣，若不正視問題，只會造成更多我們不想見到的後果。

舉一個例：今天大家大談如何振興本地足球，但現實的困難是，若要在星期三晚上打一場夜波，哪有足夠數目的球迷可以準時放工，然後到球場捧場？

而在長工時的壓力之下，我們惟有依賴大型集體運輸系統，不計多付車資，但求可以將交通時間盡量壓縮。在工作上多用了時間，只得想辦法在其他方面更自覺去省時和提高效率。這樣的生活很難有空間多談情趣。

今時今日，說以前有不少打工仔在放工後乘坐渡海小輪（途中讀份晚報）回家，會令人覺得有點不可思議。

長工時改變了我們的生活節奏，同時也改變了大部分人的家庭生活。回顧本地電視台播放電視劇的時間安排，由往日傍晚六七時逐步改為現在八時半及更晚的時段，多多少少已反映出一般家庭的晚飯時間經歷了怎樣的轉變。現在，要在七時前便回到家中吃晚飯，難度是愈來愈高；工作時間在不知不覺的過程之中愈延愈長，而家庭時間也在神不知鬼不覺的情況之下逐步縮減。此消彼長，工作時間愈長，屬於工餘的時間與空間便愈來愈少。

以上有關家庭時間的討論，只集中在量的方面，我們還沒有考慮，經過一整天長時間工作，一般人回家之後的精神狀態。大家拖着疲累的身軀回到家中，想跟家人多聊幾句，也顯得有氣無力。

是時候認真想想，如何減少工時。

租用電視機

07.11 2012

記者朋友來電，問有關電視機的事情。對於這個題目，自問所知十分有限。但忽然想起一點，值得分享一下。

曾幾何時，租電視機是一種選擇，而且這種服務維持了一段日子，應有一定數量的租戶。究竟這是否一項精明的消費選擇，可謂見仁見智，難以一概而論。最近翻開一九七四年夏季的舊報紙，見到廣告一則：羅蘭士彩色電視機的租機服務，二十吋畫面的月供一百六十港元，而二十六吋的則是二百二十港元。當年公務員薪酬調整曾有爭議，資料顯示助理文員的起薪點為五百零五港元，建議增至五百六十六點五元。以此作為參考，一位助理文員要租一部二十吋彩色電視，要用上差不多月薪的三成，應會有點吃力。

不過，當時正是大批「戰後嬰兒」踏足社會、開始打工的時期，不少中下層家庭就是通過子女幫手賺錢養家，而可以迅速改善生活環境與質素。對一位助理文員而言，要求他每月供款租用彩色電視機，同時又要負擔家庭的其他開支，那當然是十分困難的事情。但假如那份供款是他的家用的主要部分，而家中其他兄弟姊妹亦各自支持家庭經濟，則租電視機的安排可以是那個家庭的選擇——從此家中各人可以每晚安坐家中，通過彩色電視來欣賞各類節目。由黑白轉為彩色電視，當年肯定會視之為提升生活質素的重大指標。

當年租機之所以會成為一種選擇，乃因為部分家庭擔心電視機的維修問題（初期對彩色電視尤其擔心），而租機則乾手淨腳，如有損壞，立即換過新機可也。不過，話雖如此，租機始終並非受歡迎的安排（因為長遠來説，必須不斷供款，才可保證有電視可用），更多家庭選擇的是分期付款。在信用卡尚未普及之前，分期付款是本地家庭添置家庭電器的常用手段。

在六七十年代的香港社會，家庭電器日趨普及。最先電氣化的，應是開始使用電飯煲。接着，雪櫃與電視機差不多是同步發展。至於洗衣機，則明顯地需要更長時間才獲得一般家庭接受。

在改善生活條件與質素的過程中，外出旅遊逐漸成為了普羅大眾也可以追求的玩意。以一九七四年作為參考，台灣九天環島豪華遊，收費一千九百五十港元；日本同樣為九天團，收費三千三百元；至於星馬泰十天，則收費二千九百元。明顯地，當時一般港人所能負擔的，是在亞洲區內旅遊：菲律賓六天，一千九百元；泰國芭提雅四天，一千四百五十元。至於歐洲十八天的旅行團，費用為九千八百五十元；而美加二十二天高級豪華遊，則高達一萬一千五百元。

賀歲片風光不再

06.03
2013

農曆新年期間，到馬來西亞檳城休息數日。晚上觀看當地電視新聞，有一則是關於港產賀歲片的報道。該報道內容大致上是感懷港產賀歲片風光不再，逐漸在馬來西亞流失了一批支持者。而它最有趣的地方，是強調在該國有不少觀眾，都是由港產賀歲片陪伴長大的；觀看港產賀歲片是不少人的成長經驗和相關回憶的重要部分。眼見賀歲片褪色，無法維持港產片風格，當地華人亦覺得可惜云云。

那一則報道吸引我的注意，原因有二：一是它提醒我東南亞市場對香港電影的重要性；二是賀歲片作為香港電影的特色。其實到了上世紀七十年代中期，所謂重大節日檔期，仍未有一套固定的做法（例如一些成人口味的電影會安排在大節期間上畫）。將聖誕節、農曆新年包裝為一家大細、老少咸宜，是七十年代末、八十年代初的事情。「新藝城」可能是最早瞄準這個市場的電影製作公司，其「最佳拍檔」系列，是很多觀眾印象深刻的賀歲片代表作。當然，後來本地影壇於農曆新年檔期推出的，又有「福星」系列，以及成龍、周星馳的大片。賀歲片在那個時期開始成為本地電影的一種類別，背後的重要因素之一是香港家庭人口減少，轉型為以孩子作為中心，發展出更多的家庭集體休閑活動。

或者讀者會問：家庭不是一向都是以孩子為中心的嗎？父母愛護子女，不會因時代而轉變。理論上，的確如此。但在實際上，則我們的社會需要具備某些社會條件，才可以在普羅大眾之中出現以孩子為中心的家庭。首先，是改變兒童的角色。曾幾何時，很多家庭（由於只有男戶主外出打工，而同時子女數目眾多）都需要動員所有成員參與工作，以應付經濟壓力。在那樣的情況下，孩子很早便要負起賺錢養家的責任，根本沒有條件在假期裏太多花費。所謂以孩子為中心的家庭，其中一項特徵是孩子的角色不在於生產，而是在於消費。第二，當家長開始將精神更多地放在子女身上，他們的生活條件——例如工作的時間安排——亦需要有所調整。假期的規範化（包括有薪假期的制度化）是重要的條件之一。第三，是提高一般家庭的消費能力——一家人在假期到戲院觀看賀歲片，對不少家庭來說，是一次家庭活動，花費不止於購票、交通的支出，還有可能包括午膳、逛街的消費。今時今日，很多人或者不再覺得與家人去看電影是甚麼大不了的事情，但在七十年代末、八十年代初，那仍是不少人的難忘經驗。

今天，所謂賀歲片已變得有點形式化。對很多家庭來說，可能看暑假猛片才是更適合一家大細的活動。當社會進一步變得以孩子為中心的時候，家庭的活動時間乃圍繞着學校生活的編排與節奏（例如測驗與考試是決定性因素）來安排。現在更多是家長要配合孩子的時間。

愛雲・芬芝

03.10
2012

早前跟中學同學聚舊，閒扯到七十年代種種，而其中一個話題，是當年的成人電影。老友表示：他應仍藏有當時一些「戲橋」，可供分享云云。而事隔數星期，他果然坐言起行，真的回家「尋寶」，並以電郵附件方式，傳上灣仔京都戲院「戲橋」一份——時為一九七二年四月，電影是《辣手情狂》（*The Strange Vice of Mrs. Wardh*）。

該電影的女主角為愛雲・芬芝（Edwige Fenech），著名意大利（但在法國出生）豔星是也。愛雲・芬芝大名鼎鼎，在港台兩地都有不少影迷。而在YouTube搜尋一下，亦能找到不少她的作品的片段，反映出她有一定的江湖地位。那個年代的成人電影雖不是甚麼傾力製作，但多有故事、劇情，更有一定的風格（其中以喜劇特別受歡迎）。當中的一些演員能發展出一系列電影，只要掛上他們的名字，真的可以有一定的票房保證。以艷星而言，愛雲·芬芝是其中的表表者。至於男演員方面，意大利有蘭杜·布山卡（Lando Buzzanca），而丹麥則以「鹹濕先生」奧利·蘇托夫（Ole Soletoth）最為著名。在七十年代的香港，他們的電影相當叫座，年中隨時有兩三套作品上畫。

多年以前在街邊檔口看見有蘭杜·布山卡電影《夜夜念奴嬌》（*My Darling Slave*）的VCD發售，立即買了一張。回家觀看該片，發覺內容是成人話題的諧趣片，多於是一齣成人電影。究竟為何當年不少「學生哥」看得興奮莫名，現在已無法理解和想像了。所謂電影尺度，也真的是隨着社會文化、氣氛的轉變而有所變化。四十年前的所謂香艷性感，按今天的標準則肯定只是屬於「小兒科」而已。舊日本地報刊形容某導演賣弄色情，會指他在電影裏面大灑鹽花。用今日的眼光來看以前的成人電影，感覺上也就真的只是少許鹽花罷了。

當年由奧利·蘇托夫、蘭杜·布山卡開拓的片種，由香港演員伊雷來發展本地化的版本。伊雷曾拍過「阿福」系列，票房收入相當不俗。不過，到了七十年代末、八十年代初，這類電影便不再流行。一個可能性是該片種無甚變化，難以繼續吸引觀眾；另一個可能性則是觀眾的尺度與要求亦有轉變，一齣諧趣片再加幾個養眼鏡頭，已不能滿足觀眾的要求了。

不過，無論成人電影如何變化，那始終還是觀眾進入戲院裏面觀看的電影。到了錄影機深入一般個人與家庭的客廳或睡房時，色情電影出現了重大的突破。從那時候開始，個人接觸色情電影的介面，不再是眾人參與的電影院空間，而是完全私人及個人化的生活空間。錄影帶提供的方便，屬前所未有的。正是基於這個原因，色情電影工業在發展規模上有重大突破，而其滲透率亦顯著提升。到後來出現VCD、DVD，基本也是順應着VHS所帶來的突破，進一步令產品更方便消費者使用而已。到了那個時候，則連專門播放成人電影的戲院也逐漸式微，無法支撐下去了。

記憶存檔
24.10 2012

撰文提起愛雲．芬芝和蘭杜．布山卡，事後從四方八面（包括認識的與不認識的）獲得積極回應。原來他們兩位明星真的有不少影迷，而事隔多年，重提舊事（儘管是關於成為成人之前觀看成人電影的經驗），仍有不少記憶。

但記憶是頗為奇怪的東西，它需要有人將它記錄，才可以固定下來。舉一個例：因為碧蒂．杜芙（Birte Tove，丹麥成人電影「鹹濕先生」系列中奧利．蘇托夫的拍擋）來過香港拍戲（如《丹麥嬌娃》、《女集中營》、《瘋狂大笨賊》），再加上她有份演出的電影仍然有機會在香港（以 VCD 及 DVD 形式）流傳，於是有不少人聽過她的名字，並以為她的名氣頗大。當年碧蒂．杜芙在丹麥是否很受歡迎，我不得而知；但以香港的情況而言，論受歡迎程度及「江湖地位」，則理應是愛雲．芬芝在她之上。問題是：對沒有第一手經驗的觀眾來説，他們就只有依靠現存記錄、仍能在市面上購買得到的影碟、部分評論人的文字來理解當時的情況。可以想像，他們所得出的印象，並不一定可靠。

在這個意義上，現在網上一些熱心人士將舊照片、資料及其個人心得、感受貼到版面上，可謂功德無量。他們的工作大大豐富了我們對本地歷史、往事的掌握與理解，幫助把我們的記憶從主流媒體中早已固定化的看法重新釋放，打開眼界，重整記憶，讓大家可從更多不同的角度、層次去了解一些舊日的人和事。

又舉一個例：在七十年代初，「老虎甩鬚」、「鱷魚虱乸」是相當受香港普羅觀眾歡迎的「意大利西部牛仔片」。泰倫斯．希路（Terence Hill）、畢．史賓沙（Bud Spencer）、譚馬士．米蘭（Tomas Milian）（另外，孟甘穆利．奇里夫（Montgomery Clift）也應該可以歸納為鬼馬的動作演員之列）都被觀眾視為鬼馬活寶貝，生猛諧趣，拍出所謂風趣打鬥西部牛仔電影。我總覺得「意大利西部牛仔片」由「獨行俠」系列走到後來的「老虎甩鬚」、「鱷魚虱乸」系列，多少對本地武俠、功夫片，由王羽、鄭珮珮、姜大偉、李小龍等發展出來的形式與風格，演變到洪金寶、成龍的功夫喜劇，有一定的影響。就算不是直接的影響，也應該有一點點參考、借用的作用。但在本地相關的文獻之中，對於「意大利西部牛仔片」與香港普及文化的關係的討論不多。因為「老虎甩鬚」、「鱷魚虱乸」沒有植入主流想法與記憶的機會，不能固定為所謂的集體回憶的一部分，於是這些曾幾何時大受觀眾歡迎的電影類型，便難以成為本地普及文化歷史的其中一頁，再而在所謂的集體記憶中消失。如果那些曾經有過第一手親身經歷的人都忘記了為這些小事情做點記錄，則就算將來有人認真地研究香港普及文化歷史，亦未必能充分掌握它們的時代意義，了解前前後後各種現象、事情的關係。我們的社會記憶，有時就是如此脆弱。

假道學

08.01
2014

近月城中一則熱話（當然，跟很多曾經瘋傳的信息一樣，它不多久便由另一則——也是所謂瘋傳的——熱話所取代），是關於一對男女於公眾地方疑似進行性行為，以及部分過程被人拍攝下來的事情。坦白說，我感到好奇的倒不是事情本身，而是不少人對它的反應。

那些反應都是意料之內的：這類事情沒有人會同情，有的大多是慨嘆世風日下之類，九成九（如果不是百分百）否定居多。有的甚至認為這是道德淪亡的表現，乃當今香港社會的一種現象、趨勢。我有興趣討論的，是這種很快便認定為一種社會趨勢的意見——究竟有何跡象顯示近年這類行為較以前普遍？又或者倒過來說，為何有人會認為以前很少會發生這類行為呢？

話說七十年代的香港社會，市區內好幾處公園都是拍拖勝地，其中九龍公園不單只情侶眾多，而且因為環境因素（例如草叢特多，又有棄用的英軍建築），被界定為「春色無邊」之地。當然，何謂「春色無邊」，從來沒有明確定義——是擁抱？是接吻？還是尚有進一步動作？這可能只有當事人才最清楚。但無論實際上是怎樣的一回事，重要的是，九龍公園某些角落的確有不少情侶躲於草叢之中，打得火熱；而與此同時，公園之內又有人熱衷於一項稱為「照田雞」的活動，專門有意無意之間（相信是有意居多）撞破好事。

又當年公眾海灘附近，多有路邊停車位。一九七五年乃我參加中學會考之年，考試結束後以為升學無望，那個夏天將會是人生中最後一個暑假，於是一有機會，便與好友相約，到南區海灘通宵燒烤、早晚游泳，實行玩個夠本。當時每次到達海灘，在深夜時間，會發現路邊停了不少汽車，而它們在位置上的分佈，每段路都可以見到相似的模式——街燈燈柱底下的車位，通常都是空空如也；距離街燈愈遠的車位（也就是光線最差的位置）

愈受歡迎，伸手不見五指的地方，才是泊車的熱點。為何如此，大概毋須多說。在三四十年前，相信當時還未有「車震」這個名詞，但我們總不會以為那個年代甚麼也沒有發生。

那麼，是舊時的香港社會更為大膽嗎？這也很難有一個確定的答案，畢竟我們並無有關的統計，以致無法今昔比較，並指出有沒有趨勢這回事。就算確有趨勢，我們也不知道那是上升？還是下降？但有一點是可以肯定的，就是以前的香港人不一定在這方面更為保守。

今時跟往日有何分別，可能只在於以前知道有這樣的事情時，大家心照不宣，不會公開討論；不過，不公開討論，並不表示當時沒有發生同類事情。而放在今天的社會環境裏，則同樣的一件事會成為一個議題；參與討論的社會人士道貌岸然，他們採用的語氣，大多屬於道德譴責。有時候，我會相信，今天的大眾較以前的假道學。

第三輯

我們都是觀光遊客

觀光遊客是目前在地球上最活躍的流動人口，而且數量龐大，所到之處無不受其影響。而我們作為城市人，亦愈來愈重視旅遊——不爭取旅遊的機會，實在不知道怎樣可以在刻板的生活中繼續下去。就算無法負擔出門外遊，也起碼看看旅遊資訊或到書店翻翻旅遊手冊，讓自己在心理上好過一點。

準時爆發的噴泉

15.01
2014

旅遊觀光是一種頗為奇怪的消費活動：觀光遊客——也就是消費者——經常會做出一些不容易理解的決定。

聖誕假期在紐西蘭走了一圈，於北島的羅托魯瓦待過一兩天。區內有一處名為 Wai-O-Tapu Thermal Wonderland 的景點，以各種與火山有關的地熱景觀為賣點。在一個面積不算很大的戶外空間之內，有齊泥漿池、溫泉、火山口及噴泉等，屬自然景觀的同時，又有主題公園那種齊齊整整的感覺。只要花半天的時間，在園區內沿三條路線好好地走一下，便可對各種火山活動及其帶來的地理現象有點了解，既有觀光的樂趣，又富教育元素，它能引來大批家庭遊客，並不叫人感到意外。

該 Thermal Wonderland 的主打景點，乃可噴水至二十米高的噴泉。

這個名為 Lady Knox Geyser 的噴泉每天準時早上十時十五分噴射，是觀光遊客到來參觀的主要興趣之一。具體情況如何，只要在十時前後於該樂園售票處，看看一家大細如何趕來購票，然後立即驅車到最接近噴泉的停車場，下車後跑往參觀場地的狀況，便會知道他們遠道而來，為的就是要經歷親眼在現場觀看熱泉噴射出來的那一刻。

Thermal Wonderland 的辦事人似乎深懂觀光遊客的心理，知道他們雖然熱愛大自然，但卻又無意順其自然，願意用上大量時間來等待噴泉射水的一刻。有見於此，他們安排好樂園內的 Lady Knox Geyser 每天準時噴水，保證遊人不會失望而回（也就是說，一定值回票價）。

於是，每天十時一刻左右，場地擠滿觀光遊人，而各人亦早已做好準備，爭取最佳位置，手上拿着各種攝影器材，只要泉水一噴，便可順利完成整個觀看噴泉的過程。樂園的辦事人對遊客頗為照顧，為防個別遊人因遲到而錯過精彩鏡頭，以致大為掃興，他們在時間上略作人性化的調整。而因為各種行政上的需要，他們在「引發」熱泉噴水之前，還要對安全措施略作介紹（雖然滴到頭上的泉水，其實並非滾水）。到一切搞妥之後，主持人投入一包表面活化劑，隨後噴泉便一如在場遊人所期望地噴上半天。泉水一噴，在場觀眾（照例）一而再地尖叫，興奮莫名。而他們手上的手機、攝影機、攝錄機按個不停，把這個大自然的地理現象記錄下來。那噴泉也很合作，不單只將泉水噴得很高，而且噴射過程維持了一段時間。只可惜那些曾經很興奮的遊人，在三五分鐘之後便熱情轉淡；試過從不同角度和在不同距離拍過照片後，儘管噴泉絕不欺場、繼續噴水，但遊人已陸續離開，前往逛其他景點了。不多久，遊人便走得八八九九，而泉水依然以有限力度噴出，卻再沒有能力吸引他們的注意。

Lady Knox Geyser 是一個每天準時爆發的噴泉。這聽起來好像有點自相矛盾，因為這種自然現象是經過人工調整的。但要滿足觀光遊客的要求，就算是最自然的東西，也總要有個時間表。

大家都說來到紐西蘭，就是要來一次與大自然的接觸——但有一些附帶條件，就是付出可觀的入場費之後，不可掃興。

當人身安全沒有保證

14.07
2010

從約翰尼斯堡觀賞世界盃賽事歸來，深感一個社會要搞好建設，需要在更為基本的層次上做好——舉例：如何保障個人的人身安全。表面上，這是一個關於防止犯罪的問題，但實際上它並不止於維持治安，而是涉及對社會環境、制度的基本信任。

我所住的酒店位於Sandton，是約翰尼斯堡市郊一個治安相對良好的社區。辦妥入住登記手續之後，服務員提醒我入房後應細讀住客手冊。入房後翻開一看，手冊的第一頁即提醒我們要注意個人安全——包括在酒店範圍之內。而忠告之一，是若有人自稱為服務員敲門，住客不應立即開門，而是應該先撥電向服務台查詢，了解清楚，確定真有該名服務員之後，才好回應；否則，若有任何損失，貴客自行負責。究竟當地治安是否如此敗壞，不得而知（因為沒有事故在我身上發生），但既然酒店有此忠告，人人提高警覺。

酒店附近有一大型購物商場，步行需時五至十分鐘，日間走動基本上是安全的。因為每天早上需要到商場找地方吃早餐，前後來回走過很多轉。但在八日的旅程中（包括乘車到兩個不同的球場及於市內觀光的路途上），我從來沒有見過白種人在街上走動；會在馬路旁邊的行人路上走路的，只有黑色皮膚的非洲人（和一些來觀賞世界盃賽事的球迷）。對白種人和相對地富裕的人士（包括快速增長的中產黑種人）而言，自己開車代步是解決交通需要的主要（如果不是唯一）手段。這帶來兩個結果：一是繁忙時間交通擠塞，二是很多大型建築的設計都要配合這種需要，以致停車場才是進出建築物的主要出入口（正式大門的設計變得毫不重要）。如何減少在沒有保安的空間裏活動，顯然已成為城市規劃和建築設計中的重要考慮。

圍繞着這個缺乏人身安全感的生活環境，衍生了各式各樣的服務。晚上出外用餐（無論路程遠近），要找一部的士，下車前還要記住取得司機的手機號碼，以便稍後找他送自己回酒店。在一些熱門消費點見到大量汽車等候接回客人的場面，甚為有趣——為甚麼問題都由個人以私人的手段（例如包車）來解決，而沒有轉化為一種公共服務呢？

在回程途上，司機解釋他們也比較喜歡接待酒店客人。我想：當然。收費都是獅子大開口，不成比例的昂貴。他們的解釋是：這對他們也比較安全。提供服務的服務員似乎也很想説服遊客，這個地方毫不安全；若要減少發生事故的可能性，最好購買他們的服務。

在約翰尼斯堡待了八天，每天總有人提醒你要注意安全，不要假設外在環境的安全程度。在香港生活，習慣平日百分之九十八的生活時間及空間均屬安全，相信在周圍活動，自己受到一定的保護；但在約翰尼斯堡走動，得到的信息卻是有百分之八十至九十的狀況沒有人身安全的保證，好自為之。

誰是主人？誰是客人？

11.04
2012

路過某旅行社大門，門口貼上宣傳老撾旅行團的海報，其中一項吸引顧客的賣點是：現場感受僧侶布施的感動場面。對很多本來沒有想過去老撾旅遊，擔心該處太過平淡、缺乏話題景點的觀光遊客來說，近期本地報刊的介紹和宣傳，開始引起了他們的注意和興趣。

旅行社打開門口做生意，要想盡辦法吸引顧客，這可以理解。而在商言商，旅遊業要不斷開拓新的旅行目的地、景點、活動，此乃它的生存方法。坦白說，要求企業單位提高自制力，不要但求能夠引起遊客的好奇與興趣，便傾力推銷（包括宣傳及提供有關服務），是一件高難度的事情。世界各地的旅遊點都在不斷開拓新的景點、項目，誰都不想停下來，以免失去競爭力。至於在我們作為觀光遊客的方面，或者可以要求自己提高個人的自覺性，出外旅遊的時候，多考慮一下當地的文化、傳統、價值，尊重之餘，更應盡量避免造成滋擾和破壞。這樣的道理聽起來相當簡單易明，同時亦不會有人公開反對，但在現實生活之中，卻沒有太多人有這份自覺。對大部分觀光遊客來說，出外旅遊之時，「誰是主人？誰是客人？」的問題，鮮有認真思考。旅遊教育其實是促進文化共融和相互尊重的重要一環，不過長期以來卻未有受人注意。在很多人心目之中，出外旅遊只是一項消費的選項而已。

我當然明白，很努力推銷清晨僧侶布施作為老撾琅勃拉邦的觀光活動的，並不限於香港的旅行社。當地就有很多酒店提供套餐服務，為遊客安排交通（因為必須於清早準時到達）及準備相關用品（例如米糧），以便他們一睹那廣泛宣傳為感人的場面，並且參與其中。但是無論是當地的還是外來的，結果就是將本身具備宗教意義的僧侶布施變為一場供觀光遊客參觀的 spectacle。好些介紹老撾的旅遊書籍早已提醒遊客要保持肅靜、千萬不要在近距離拍照等等。不過，多番勸喻仍阻擋不了遊客的熱情。大量觀光遊客於清晨到場參觀，這本身便破壞了原來的氣氛。當然，我們亦不難想像，有觀光遊客根本沒有理會這些，只從他們的好奇出發，並且留下回憶。

僧侶布施成為一種觀光旅遊的參觀活動，充分表現出旅遊事業的力量。從某個角度來看，它無堅不摧——一切可以引起觀光遊客好奇的東西（通常是以見識、了解當地文化習俗之名），都可以變為賣點，而接下來便是相關服務的供應。而所提供的服務愈招呼周到，給遊客愈大方便，便更加會對原來的文化造成衝擊。觀光遊客們可有想過，要觀察僧侶布施，除守足規矩之外，還可遠離那遊客的旺地，肅靜和以完全不擾人的方式從遠處觀望。隨意舉起照相機，以為那是一項表演，實在不應是有自覺性的遊客的所為。

人性化的酒店服務

07.03
2012

早前到老撾待了幾天，前後住了兩家boutique hotel（精品酒店），各有特色。既然是boutique hotel，當然就要有特色、個性，必須跟那些全球連鎖經營、服務標準化的大型酒店區分開來。它們的房間的數量不多（都不到二十間），自然服務周到。

精品酒店注重細節，盡顯優質服務。每天到餐廳吃早餐時，都有機會面見大廚。他為人友善，聊天時天南地北、無所不談。至於酒店經理、水療部主管、餐廳侍應生、「篤篤」的司機，所有人都很努力地記下每位住客的姓氏、興趣、口味，提供人性化的服務。

正當我在酒店泳池好好享受瑯勃拉邦的寧靜之際，心裏讚賞所住酒店各方面的細心安排的時候，突然想起：以前很多廉價住宿都可以有這樣的安排呀（當然，需要扣起那個無邊泳池、水療會所等等）！曾幾何時（其實也不是很久遠的從前），我們並不需要額外付出，也可以獲得人性化的服務。精品酒店的體貼，其實是反映出大部分五星大型酒店的服務早已變得太過機械化、單一化。那些大型酒店雖然設備齊全（這也是照顧住客的一種手段），但卻不等於對住客細心照顧、體貼入微。

當然，每次我們辦過登記手續，乘搭升降機，然後走過那些長長的走廊，知道那間酒店一共有多少房間之後，都會明白為甚麼那些職員每次見到我們時，總是露出一臉陌生的表情。大型酒店的所謂人性化服務，主要只限於大堂侍應或禮賓部的職員，又或者指的是房間浴室提供的洗頭水是品牌貨色，而不是服務員與客人的接觸和互動。再者，很多大型酒店以商務客為主要客源，他們對於服務的期望（例如住客熟悉的浴室設計、枕頭的選擇、健身室的設備等），不一定跟旅遊人士相同。旅遊人士覺得缺乏人性化的元素（例如某連鎖三星酒星的賣點，是全球——我個人的經驗包括德國、英國、瑞士、俄羅斯、奧地利、法國——分店基本上是統一設計，令住客覺得無論去到世界的哪一個角落，只要走進房間，便會有一種回到自己最熟悉的環境的感覺），對一些經常因公出門、半自願或非自願地待在一個陌生的環境的人來說，統一化的設計和安排反而可以給他們一種易於適應的感覺，盡快開展工作或晚上可以安然入睡。那些千篇一律的大堂、房間、浴室，大有其捧場客。太有特色的話（我曾經入住新加坡某精品酒店，房間以血紅色為主題，坦白說實在不易適應），有時反為不妙。

或者讀者會提出：大勢所趨，難有其他選擇。如果我們重視的是住宿環境的個性和人性化的服務（甚至考慮不以服務來形容那主人與客人的關係），則民宿、Bed & Breakfast（B&B）、farm house 都可以是相當好的選擇。在 Bed & Breakfast 還沒有改稱為 hotel 的那個年代，它們不單只有個性，而且還對住客照顧周到。

發展旅遊的兩難

15.02
2012

在老撾的琅勃拉邦待了幾天，深深感受到低度發展或發展中國家在推動旅遊事業時所處的兩難處境。以琅勃拉邦為例，它最吸引人的地方，不在於壯觀的古建築或叫人讚嘆的湖光山色，而是這一座靠着湄公河的老城，清靜平和。那裏生活節奏緩慢，懶洋洋地在河邊過一個早上，或逛逛佛寺，看看歷史文物，頗為寫意；或甚至只是在酒店泳池曬太陽、游游水，那一種寧靜，令人心平氣和，可以好好休息。

當然，琅勃拉邦早在一九九五年已列入世界歷史文化遺產，隨即引起旅遊觀光客的注意。時至今日，城內各種活動及服務，由住宿到餐飲、夜市到街邊各種小店，發展蓬勃。所以，嚴格來説，那個未受商業化所影響的琅勃拉邦，早已不存在。旅遊書籍重點推銷老撾民風淳樸，這雖不能説是不盡不實，但夜市地攤擺賣的特點就是討價還價，你很難說攤販都是老實商人。整個社區受到旅遊觀光業及其商業作風所影響，實在難以避免。不過，儘管已有一定程度的商業化，琅勃拉邦仍能保持一種安靜的氣氛（在這個意義上，內地的一些旅遊點——例如麗江——便應該好好學習，認真檢討為何原來好好一個古城，搞出現在那份俗氣，令同樣是歷史文化遺產，卻變得只可遠觀而不可以近望），吸引遊人好好地住上幾天。

不過，這也是發展旅遊最為諷刺的地方。觀光遊客為求找到一片淨土，於是老遠來到琅勃拉邦。但愈多遊客到來，它的那種恬靜平和氣氛便愈受到威脅（浦西山上人頭湧湧，並非一個好現象）；愈變得商業化，便愈難保持原有的風貌和特色。可以這樣說，觀光遊客的存在，本身便是對社區原貌的最大威脅。為了配合遊客的需要，街上的小店（專門提供歐美食物的餐廳是明顯例子）早已作出相當大的調整。不過，話雖如此，若從當地經濟利益來考慮與計算，則發展旅遊是賺取外匯最有效的方法（到當地旅遊基本上不用兑換本地貨幣，辦落地簽證時指定用美元，日常交易則可以用泰銖。而現在到地攤及夜市購物，最受歡迎的是人民幣，只要用它來做交易，攤販主動減價）；所謂「無煙工業」之所以廣泛為發展中國家採用為經濟發展手段，有其道理。所以，就算明知發展旅遊會令整個地區走上不歸路，失去很多原來的生活文化元素和特色，但亦實在難以抗拒經濟發展所帶來的誘惑。

於是，出現於琅勃拉邦的汽車增加了，而摩托逐漸成為了民眾的主要交通工具。社區的面貌開始改變。還好的是國際連鎖快餐、咖啡店未有開進來，而觀光遊客的數目亦未可以支持國際連鎖巨型酒店到該處開店。有限度的起飛與發展令琅勃拉邦繼續保持着一些特色。究竟這種狀態能維持多久，誰都不敢說。

觀光遊客的角色扮演

28.12
2011

必須承認，觀光遊客是很特別的一類人。日前經過外來遊客訪港期間差不多必到的一處熱點，見到商場工作人員正忙於裝飾一棵朱古力聖誕樹的同時，也聽到兩位遊客在討論：有沒有興趣拿來吃一口？而他們的討論也是相當認真的，因為其中一人覺得那些朱古力糖肯定已經過期，負責裝飾的公司沒有道理使用仍可食用的糖果來做佈置云云（引自他的話：否則那不是很浪費嗎？）。但他旁邊的一人則似乎另有一番高見，認為要刻意去找過期朱古力，不如找個贊助商來支持好了。他解釋之後，也就老實不客氣，伸手摸摸那排得滿滿的朱古力聖誕樹。若然不是護衛員及時轉身望過來，或者那位仁兄早就從朱古力聖誕樹上摘下朱古力糖，嚐嚐究竟是甚麼味道了。

我會假設，大部分觀光遊客在他們平日的生活裏面，是另一個人（至於哪一種性格比較「正常」，則很難說）。只是當他們成為遊客的時候（也就是當他們進入了觀光遊客這個角色時），性情會有所改變，做出一些平常生活狀態中不會做的事情。這裏所指的，不一定是偷吃朱古力聖誕樹上的朱古力糖這樣誇張的事情，而是好像登上摩天大樓並且付出入場費去看（不太特別的）夜景，又或者穿上黃袍或各種沒有甚麼說服力的傳統服裝，然後站在景點之前拍照留念之類的行為；很多人平日會覺得沒有太大興趣，或者不會主動去做的事情，到了一個扮演觀光遊客的處境時，卻往往會樂於去做，有時甚至是大做特做（所以，很多本來看似沒有市場的遊客服務，卻是火熱的觀光旅遊業生意）。

當扮演觀光遊客這個角色的時候，我們經常會自覺或不自覺地進入另一種心理狀態，追求到此一遊的快感，或會要求自己嚐一下外國風情（算是給自己一個交代罷）。於是，有時候就算明知遊客區內專供觀光遊客享用的套餐，一定不怎樣具備本地特色（因為好像看不到有本地人光顧），但結果還是很樂意地大破慳囊，花錢吃一頓當地人不會特別推薦的外國菜。有時候我們需要感謝那些旅遊手冊，當中推介各種星級的不可不到、不可不做的旅遊動作（所謂的沒有到過、沒有做過、沒有試過便等於未有真正到過那個景點的旅遊經驗），促使大量觀光遊客都做足本份，投入其中。在我們的旅遊經驗之中，做過不少這類旅遊的指定動作（簡單如到溫泉區要吃一隻雞蛋，又或者到觀光台從「教科書」的角度——因此都是擠滿了遊客，氣氛大受破壞——去觀賞大自然風景）。而在做過之後，還樂得跟友好分享。於是，本來不一定是不可不到、不可不做的，很快便變為人人——當他們是觀光遊客時——必須做的事情。

我繼續留意那棵朱古力聖誕樹是否完整無缺。

英國皇室品牌

04.05
2011

究竟英國皇室婚禮有何特別吸引之處？這並不是一個很容易討論的題目。它之所以不容易討論，原因有二：第一，儘管很多人覺得整件事情就是莫名其妙地無聊（我身邊的一批英籍朋友大概已編寫出五十個笑話來嘲弄一番），但它確實能引起廣大群眾的興趣，有的親身飛往英倫感受一下現場氣氛（究竟在無法近距離接觸的情況之下，可以怎樣感受那種氣氛，則不得而知），更多的是緊貼電視現場直播。我們必須承認，世上的確有很多人——儘管我們和他們自己也可能不太清楚，究竟這個婚禮有何巨大意義（如果有的話）——對這場婚禮甚有興趣；第二，並不是每一個皇室都可以像英國這般受人關注。目前世界上仍然存在的皇室，豈止一個；但好些歐洲、亞洲國家的皇室總難以在自己國家以外引起注意，他們的新聞價值實在無法跟英國皇室相提並論。喜歡也好，不喜歡也好，在很多人的心目之中，英國皇室是所謂皇室的典型。英女皇是否特別高貴優雅，王子公主們是否風度翩翩或天生麗質，可謂見仁見智；不過，英國皇室作為一個符號，確實有着一種面向全球市場的本事。

英國皇室之所以能夠以全球文化市場的一個符號來面對群眾，當然跟殖民歷史有關。英國以前擁有眾多殖民地，當地人民——自願地或不自願地——總要接觸它的皇室（例如把女皇的肖像掛在官校課室牆上）。相對於其他仍設君主制的國家（例如西班牙），英國無疑是較為有利。不過，單純以殖民歷史來作解釋，又有其未夠全面之處——畢竟殖民歷史總有其兩個面向，有人不覺得怎樣（甚至內心崇拜），也一定有人恨之入骨。所謂英國殖民受到當地人民愛戴之說，基本上是以偏概全、不盡不實。翻開世界殖民歷史，被殖民的（尤其是在那些擁有豐富天然資源的殖民地）對英國的仇恨，可寫成一大篇章。所以，若以殖民地數目來作解釋，稍嫌說服力不足。

我認識的一位英籍朋友，他有這樣的一套理論：英國其實是目前世界上最大的一個主題公園。整個國家經濟的一個重要部分，是靠旅遊、文化及其相關服務作為支柱。如何經營及打造這個超級主題公園，需要將歷史的、文化的方方面面，好好包裝（這項包裝工程成功地扣連起各種產業，主要是由上世紀八十年代初期開始，查理斯王子大婚、屢獲殊榮的電影《烈火戰車》〔*Chariots of Fire*〕、大受歡迎的電視劇 *Brideshead Revisited*、*The Jewel in the Crown* 等掀起了這個「主題化」的趨勢）。所謂英國的（通常含義只是英格蘭的）、英國風格的，是一個刻意經營的品牌。喜歡與否，乃個人口味，沒有絕對標準。而有趣的是，英國皇室是這個品牌的重要一環。如我朋友所言，從這個角度來看，英國皇室是這一台戲的象徵人物，偶然需要走到台前，滿足一下觀眾的期望。

英格蘭的夏天

18.07
2012

英格蘭的夏天從來都以飄忽而著名。到達York的那一天，一直下着雨。B&B的房東問我：到來只為參與會議？還是順便度假？會否留在York玩一兩天或到附近走走？我還未回答他的問題，他已搶先以半開玩笑的方式代我作答：今年的夏天已提前結束！而這就是英格蘭的夏天了！

據說之前很多人還挺擔心今年夏季英國會否出現天旱的問題，誰料到轉過頭來卻是暴雨成災，英格蘭多處地方受水災困擾。溫布頓網球大賽受天雨影響，球賽中斷，這是舊聞，沒有甚麼值得大驚小怪。但當同樣是世界著名的Silverstone賽車亦因水災而搞得情況混亂（並且引來觀眾不滿）時，這倒不再是另一則新聞而已。而奧運即將在倫敦舉行，面對水災而束手無策，政府自然受到批評。這應該怎麼辦呢？我身邊的英國朋友還是那一句：這就是英格蘭的夏天了！

曾經在英格蘭生活的人都會明白，它的夏季可以是溫暖的、陽光燦爛的，最適合戶外活動，邊吃草莓邊飲白酒，總之就是享受生活的大好時光。但如此美好的天氣和環境，經常就只能維持一段很短的時間，餘下的日子又濕又冷，並不好受。（我個人相信）嚴格來說根本就不存在所謂典型的英格蘭夏季——它每年都以一個新面貌示人，令人難以捉摸。正因為這樣，大家才會喜歡這樣幽默一下：這就是英格蘭的夏天了！

英格蘭的夏天總是在大家還未好好享受之前，便宣佈結束。情況跟「梅利能否晉身溫布頓決賽？有沒有可能取得冠軍？」的討論很相似——也是還未推到高潮之前，便提早宣佈結束。近年英國媒體在溫布頓賽事進行期間的一個焦點，落在梅利能否突破四強止步的宿命，晉身決賽。過去多年，話題炒得熾熱，但總是失望而回。今年終於可以打入決賽，全國自然興奮得不得了。評論員及體育新聞報道員的每日話題，離不開梅利可否繼 Fred Perry 之後成為另一位取得溫布頓冠軍的英國人？坦白說，相信不少非英國人的電視觀眾都會覺得，這個話題重複到令人叫悶；但重複是一回事，評論員及體育新聞報道員似乎並不認為那是一個問題。

不過，英國人對梅利的期望，跟英格蘭的夏天差不多——他們還未全民亢奮之前，梅利便（在對手尚算輕鬆的情況下）於決賽中敗陣下來。那個還未開始的美好結局，一早提前結束。

當然，明年還有溫布頓。至於英格蘭的夏天，明年也一定會重來（只是大家都有興趣想知道，它將會維持多久）。明年今日，到時天氣是好是壞，真的只有天曉得。可以肯定的是，若然又再次是一個短暫的夏季，英國人依舊會 tongue-in-cheek 地說一句：這就是英格蘭的夏天了！

（二〇一三年補記：梅利終於在今年勇奪溫布頓男子單打冠軍，結束了七十多年英國球員未有贏得獎項之苦。）

愛莫能助

05.01
2011

早前倫敦雪災，希斯路機場陷於癱瘓，影響世界各地的航空交通，牽連甚廣。而因為有不少香港學生留學英倫，於是也被捲入這風波之中，繼而相關的大小事情，也成為了本地新聞的頭條。

希斯路機場管理不善，一點兒也不會叫人感到意外。有人將問題推到經營機場管理的西班牙公司身上（因為他們並不會緊張英國及倫敦的聲譽），以為如果由英國人來處理這次危機的話，事情一定不會像現時所見般惡劣。關於這一點，我並不認為由英國公司來管理機場，會有些甚麼分別；我從不覺得倫敦的城市交通是一個妥善管理的系統——在倫敦待上一個星期而未有遇上它的地鐵系統出現問題，是難能可貴的經驗。在倫敦這處地方，系統失靈是日常生活中的常規的一部分。當你正趕着乘地鐵前往市中心的時候，月台上播出（那些連英國人也未必能聽懂的）最新信息，表示中央線或北行線暫時未能如常服務，可謂絕不出奇。我曾經試過正在舉行溫布頓網球大賽的日子裏，擠在等候區域線地鐵的月台上，突然聽到宣佈，表示如無意外，在四十五至六十分鐘之內無法提供服務，並勸各位乘客考慮改乘公車往所需前往的地點。到大量乘客跑上地面，嘗試轉乘公車的時候，才發現有關機構並沒有（亦未有打算）安排疏導乘客的接駁服務。可以想像，有大量急於趕往溫布頓的球迷大為不滿。他們向公車的站長投訴，表示短時間之內沒有額外公車服務的話，他們將會錯過精彩的網球比賽。雖然群情激憤，但那位站長只是隨意地回應一句：「Too bad!」

在香港，假如集體運輸系統出現故障，就算只是暫時停止或延誤服務五至十分鐘，肯定也會成為傳媒大事，現場情緒激動。在某種意義上，香港人對公共服務失誤的容忍程度甚低，很難接受人為或非人為的事故。但這種態度並不適用於英倫的日常生活。

坦白說，我從不覺得英國人特別和藹可親，更不認為之所以出現上面講述的情況，是因為他們擁有所謂的紳士風度。英國人要發脾氣或表現蠻不講理，絕不會遜於其他民族。他們那種「異常的容忍力」相信是源於長期以來在日常生活之中習以為常、見怪不怪。這是一種經過長時間反覆習慣的無助與無奈，大大削弱了他們反應的能力。無論如何，生活還是繼續下去。

可以想像，在極其混亂的希斯路機場裏，當很多不知如何是好的乘客嘗試找來航空公司職員，希望他們能解答提問和安排登機的時候，一定會有一位職員貌似誠懇地回應：「I wish I could help.」意思是：愛莫能助。

明天將會是另一日，烏雲背後總有一線希望。如是者，不做些甚麼，事情亦會過去。在英國發生的問題，要以英式的一種態度和方法來「面對」、「解決」。

巨型購物中心文化

30.05
2012

已經有一段時間沒有去過新加坡，今次趁出席會議之便，在正式活動結束之後，偷閒到濱海灣區逛了半天。坦白說，我並不是這個新發展項目（或應說是半個新項目罷，我所指的是「金沙」的那一邊，對岸的各項建設之前早已陸續完成）的「粉絲」，逛了半天，其實不覺得它有很突出之處。

我會明白，對很多人來說，這個項目的優點在於政府動作迅速，很快便搞出一個新的旅遊景點——賭場、豪華酒店、博物館（雖然大部分遊客都沒有留意），再加上巨型購物消閒商場，招徠大批顧客。相比之下，香港就好像缺乏同樣的動力，未能表現出一股動起來的活力。從這個角度來看，新加坡濱海灣的發展，於協調、統籌等方面的確有它的成績。不過，當我們換轉以另一個角度考慮時，則它亦有一些明顯的弱點。

作為一個旅遊發展項目，濱海灣擁有時下這方面發展思維的主要元素：它是一個 mega-project，搭建了 iconic 建築，貫連附近的各種旅遊景點，把整個地方的形象和吸引力都提高了。當然，在發展這個項目時，也引進了博彩業，為旅遊經濟注入了新的元素（至於本地人如何反應及評價，則是另一個問題）。而它的發展模式也很有新加坡特色——由政府訂定發展方向，引入外資，快速上馬。不過，當我們的視線回到具體內容之上的時候，則不難發覺這樣的一個旅遊發展項目，其實可以轉移到世界上任何一個港灣，估計亦可收大致相同的效果。

就以該巨型購物消閒商場來說，它的規模、裏面商店的檔次，相信不會叫人失望。問題是：它也未有叫人喜出望外。以新加坡作為一個無限量供應購物中心、商場的國家而言，新添的這一個未見與眾不同。這是購物商場文化的死穴：消費者當然關心整體購物消閒的環境是否舒適，能否反映他們個人口味、品味、消費力的檔次，但更重要的是有沒有獨一無

二、只此一家的專門店，又或者那些店鋪是否屬於區域旗艦店級數的名店（今天，有沒有名牌餐廳也會是一種能夠產生區別效用的元素）。說得直接一點，今時今日是名牌專門店起着支配作用，由它們來決定某個高檔購物消閒商場可以達到甚麼檔次、究竟有何與眾不同。從這個角度來看，巨型購物消閒商場有沒有小運河、走廊是否寬闊，都變得次要（甚至是毫不重要）了。

這也就是說，高檔的購物消閒商場之間的競爭，已演變為名牌的市場佈局遊戲（因為很多名牌早已不再是家族生意，而是由某些大集團收購，後者的整體策略安排才是最有決定性的因素）。踏足新加坡濱海灣的巨型購物消閒商場，只覺它是一個其實可以空降到世界上任何一個「全球城市」（global city）的巨大銷售場地，很難說它有些甚麼地方元素。

簡單就是好

13.06 2012

我對濱海灣區提出批評，但這並不等於我不喜歡新加坡。其實，剛好相反，我是相當喜歡到新加坡旅遊的一個人（不過，港元疲弱，以致當地酒店價格已變得完全不合理，的確影響我在新加坡時消費的心情）。而在當地閒逛，仍有不少樂趣，令我樂在其中。

舉一個例：新加坡國家博物館就是一個好去處。一些旅遊簡介曾介紹該館的西餐廳，今次慕名而至，其實頗為失望（可能是期望過高的後果）。旅遊書籍作者會作出介紹，相信是因為博物館的建築有一定的吸引力，餐廳氣氛也可以，而且位置近市中心，所以順便推介。但以食物而論，則平平無奇，並不反映博物館的整體質素。

說回博物館本身，它常設的文化生活展館，值得參觀。論展覽內容，其實並不很特別，而在展品方面，基本上也未有很大驚喜。直接地說，文化生活展館裏幾個不同主題，勝在簡單和貼近生活。在展覽傳統美食和攝影藝術的部分，它們成功的地方在於能夠引起訪客的反應。就算只是歷史照片（例如兩位日籍妓女的金蘭姐妹合照），亦能引起遊人的熱烈反應，令他們產生一種（儘管可能只是短暫的）對社會與歷史的好奇。至於傳統美食展館，能將庶民生活的細節展示出來，本地與外來的訪客均興致勃勃。

對我而言，意外收穫是發現炒貴刁實應為炒粿條。在香港，我們以本地文化將星馬食品吸納，索性連名稱也廣東話化，實在不夠認真講究。從展覽中了解到新加坡街邊美食的特色、源流，不單只是講飲講食，還可從中認識到它的移民社會背景、口味與當時的勞苦大眾之間的關係。

一個展覽要辦得成功，有時不一定要展品極罕見。平實的文化、生活細節能引起共鳴，訪客自然覺得有所得着。新加坡國家博物館的簡單，是它的優點。

博物館地庫設有專題展覽，到訪之日，有"In the Mood for

Cheongsam: Modernity and Singapore Women”。展覽得我們香港歷史博物館及電影資料館協助，加入一些新加坡元素，內容相當吸引。該展覽叫我想到兩點：一是要認識華人社會的文化、生活，不可能單看一個社會，更不可假設它是孤立的個體。中國人移居海外，在世界各地建立華人社會，並且構成一個網絡，彼此之間互有來往、相互影響。要了解華人社會（新加坡也好，香港也好），要有全球和區域的觀念。

二是香港本地博物館所辦的展覽，並非如一些人所想的一無是處。旗袍／長衫展覽成功獲得其他地方展館的欣賞。能外借或往海外協辦展覽，可視為成績得到認同。我在參觀的過程之中一直在想，如果有香港旅行團到海外遊覽時，發覺自己所觀賞的展覽，原來的概念實際上來自香港時，他們會有何反應？會否令他們對本地的博物館另眼相看？出口轉內銷，或者是我們的博物館的發展策略之一。

資料不準確的旅遊指南

13.03
2013

旅遊資訊書籍貴乎資料準確、實用可靠。它們的主要功能是一本旅遊手冊，遊客按照書中有關的資料，到達一處以前從未到訪的地方時，亦一樣可以找到方向，知道該地有何名勝，懂得如何解決交通、住宿等問題，有辦法好好享受旅程也。這類旅遊手冊的出版，幫助無數旅遊人士以獨立、自助的方式，踏上旅途。可以這樣說，它們改變了很多人的旅遊概念——就算不是跟隨旅行團出發，沒有專業領隊、導遊的帶領之下，一般人亦可以應付陌生的環境，到處遊歷。自助遊之所以能夠走向普及，成為大眾旅遊的其中一種重要形式，這些旅遊手冊的出版人應記一功。

由於旅遊手冊強調它的實用性，出版人如何保證資料更新，使內容充實可靠，同時又不會過時，是頗費氣力的一件事情。這就是說，撰寫旅遊手冊需要投入不少人力資源，繼續為讀者在旅遊的最前線上提供有效使用的相關資訊。但問題是，不難想像，一定會有（無良的）出版人視此為本小利大的一門生意，隨便東抄抄、西抄抄，包裝得似模似樣，就將製成品推出市面，賺一筆錢。

目前出版中文旅遊手冊的出版社，就存在這種良莠不齊的現象。舉一個例：某本印刷精美的馬來西亞旅遊指南，其中一節介紹檳城的張弼士大宅。估計是撰稿人全靠翻譯外文資料來編寫各章，竟將「The Cheong Fatt Tze Mansion」音譯為「張發市故居」。而內文有關的介紹亦極為簡單，只指示「從碼頭乘車五分鐘在張發市公館下車」。至於該名人故居之所以值得參觀，亦只得兩句：一說室內裝飾佈置精彩，二說遊客在參觀過程中可追思名人生平云云。在書店「打書釘」期間，發現該手冊大部分材料，只需要撰寫人及編輯翻過兩三本同類指南，加以「編寫」（或於該書所針對的讀者市場，找來一些飛機航班、出入境須知的資料即可），便可順利完成主要的出版程序。只要略為認真地讀一下該指南內各章節的內容，不難發覺那位撰稿人一定沒有在當地旅遊的一手經驗。這就是說，那大有可能是由一位從來沒有去過馬來西亞旅行的撰稿人所編寫的馬來西亞旅遊指南。或者就是這個原因，該出版社製作了四十本旅遊手冊，涵蓋歐美、東亞及內地省市。

或者讀者會問：既然一眼便看得出來，那麼誰會購買這些旅遊指南和攻略？有獨立、自助旅遊經驗的人士主要信賴幾個旅遊手冊系列的書籍，不會輕易改變選擇。但有趣的是，今天在旅遊手冊的讀者當中，有一定數量乃非自助遊人士。他們希望對旅遊目的地增加認識，但基本上並不需要一本很實用的指南，來幫助他們在該地四處參觀遊覽。嚴格來說，他們只是期望得到一些旅遊資訊而已，甚麼攻略、甚麼地道好介紹、甚麼實用指南，是姿勢多於實際。於是，這類粗製濫造的旅遊手冊在市面上廣泛流通。

「新發財」之苦

27.11 2013

某日在香港機場排隊輪候辦理託運行李和劃定機位手續時，遇上一位（很重順德口音）很有趣的人。他問：「這裏是排商務艙的嗎？為甚麼那麼多人在排隊？很大的飛機嗎？一架飛機的商務艙可以裝下那麼多人？」

我答：「不同班機的乘客都在這裏排隊的，我去上海，你往哪裏？」

他再問：「你不像是乘搭商務艙的。究竟在哪裏排商務艙？航空公司不可能這樣對待它們的貴賓。」

「很厲害耶！你一眼就看得出我不是商務客。的而且確，我是乘搭經濟艙的——還是特廉那一種，恐怕我的機票連飛行哩數獎勵也不包含呢——但我是某某會會員，所以也可以在這裏排隊。到登機的時候，還可以跟頭等和商務艙的乘客一起提早登機呢！不過，不用擔心，我們並不是乘搭同一班飛機；我們不會再見。」基於他的反應，我突然很想繼續這場對話。「我們這些會員可以運用已累積的飛行哩數換取機票——而且頭等、商務票都可以。你可能要習慣一下跟非頭等或非商務艙的常客和平共存了！」

「那即是說，商務票已變得跟經濟票沒有分別了！要我在這裏排隊，這跟安排我坐經濟艙有何分別？豈有此理！我不能接受這麼差勁的服務。」這時候，他找來地勤人員，問怎樣才可以不用大排長龍。當然，不出所料，答案是即場轉為頭等機位——只可惜該前往北京的航班頭等艙已滿座，除非更改航班，否則航空公司無法為他提供改票的服務了。這也就是說，他需要繼續排在我的後面，看着好些非商務艙的乘客，享受他以為只有持昂貴價格的機票才有的優待。

明顯地，那位仁兄極其不滿，而且還覺得自己十分委屈（排在我的後面而覺得不幸，這一點我是可以理解的）。「那我多花的錢，可以買到甚麼享受？」他在自言自語。

我開始愈來愈同情他，於是再進一步向他解釋：「你問的問題很有意思。稍後你到航空公司的貴賓室的時候，會遇到很多我這一類人——累積哩數到某一數量後，我們還有使用貴賓室的權利，跟你要用金錢來購買的待遇，其實並無顯著的分別。這個殘酷的現實並不是由我製造出來的，我沒有辦法為你提供幫助。」說到這裏，那位仁兄已決定不再發一言，連眼睛也不再望我一下。我再看他一眼，他好像由天堂跌落地獄。

這可能是作為「新發財」（new rich）之苦——明明已晉身另一個階層（在財力上百分百拋離一般的中產階級），但卻無法完全擺脫那些非新貴的人士。金錢可以幫助他們買到更好的待遇，但所買回來的絕不是特權、專利。這是新貴的苦惱——他們並不是貴族，所以不能將其他人完全排除於外。在這個世界裏，有貧富差距，但身份不能建立一種完全隔離的社會生活。那位仁兄所期望的，恐怕不易在現實中實現。

兩本佛經

10.07 2013

因出席會議的關係，在澳門一間未有全面投入服務及營運的酒店待了兩晚。它並非只是在於試業期間，所以部分服務（例如游泳池）尚未開放，而是因為近期發生了一些事故，曾經停業，以致到我登記入住之時，整間酒店完全不在狀態（據説曾幾何時，它是一間大酒店，翻開官方的旅遊資料手冊，它仍然屬於五星級）、死氣沉沉。

所謂死氣沉沉，指的是酒店大堂陰陰沉沉，連燈光照明都好像未有完成維修（當然，也不能排除那是節約能源的措施）一樣。更明顯的是，那為住客提供服務的六部升降機，半數掛上了「正在維修」的牌子。而待在酒店的兩天裏，無論早、午、晚，從未見過維修人員的蹤影。我有理由相信，那應該也是酒店管理層的節能策略之一。

至於酒店的服務員，在數目上也可以看得出管理層厲行精兵簡政，在各個部門所見，絕無任何剩餘勞動力。我到達酒店之時，正是內地旅行團到達的時段，於是大堂擠滿了各個年齡的遊客。負責登記的櫃檯基本上給三四位導遊堵住，其他客人（讀者可以想像，其實只有我一人）無從辦理手續。往鄰檯問服務員有沒有不是辦理團體入住的櫃位，他把我打量一遍，然後慢條斯理地說：你分配到哪間房間，問導遊嘛！我怎會知道！看他的表情，入住的客人絕大部分都是旅行團的成員，很少自投羅網的單頭客。

入房之後，決定上網查一下這間酒店。某旅遊網的評語是「Stay away!」。再查一下，另一個網頁提到該酒店的一項傳説——如果你的房間藏有兩本佛經，便要小心了！認真地查一下房內的大小抽屜，果然發現一本佛經（為何不是聖經？）。但因為是一本而不是兩本，那我應該還好吧！想到這裏，忽然聽到幾陣人聲。聲音從四面八方傳來，頗為立體聲的效果。這邊是男女低聲説話，那邊好像是一位母親勸告女兒些甚麼的。心想：這間酒店房間的隔音真差勁！

因約好朋友外出聚餐，於是前往乘搭升降機。如前所説，酒店的六部升降機，只得三部運作。升降機大門打開時，一外籍女士手提行李，問我這是否七樓。我答這是九樓，我們一起往下走吧！結果升降機經過七樓時又沒有停下來。那位女士表示：已經好幾次了，為何總是不停七樓？就在這時候，升降機內的樓層指示板上，十樓、十一樓都自動亮起了。我半開玩笑地向她說：看來這部升降機也需要修理了。

晚上睡覺時，一如所料，能隱約聽到鄰房房客的談話。睡到半夜，有人多次搖動房門的手柄，但因我反鎖了大門，他無法推門而入。我隔着門問：你找幾號房？是否找錯房號？不多久便平靜下來了。第二個晚上，到了半夜二時左右，又有同樣的情況。我想：怎麼內地遊客都沒有好好記住自己的房號？

光陰似箭，轉眼兩三天的會議便告結束。退房前例行查一下衣櫃，看看有沒有遺下私人物品。在衣櫃的左上角，發現佛經一本。看來負責執拾房間的服務員將書檯抽屜內的佛經改放到這個位置。他為何需要這樣做呢？

還是，我的房間一直放有兩本佛經？

第四輯
大陸行

我是一名「意外的觀光遊客」，常因到內地出席會議、演講之類的活動，而有半天觀光、自由活動的時間。我自認是很勤力的觀光遊客，所到之處，例必盡最大努力去看看那些指定景點。坦白說，久而久之，對此逐漸發展出一種興趣——對於究竟我們是如何建構「到此一遊」的經驗、自以為「感受一下當地風土人情」的感覺是如何形成，充滿好奇。所以，我樂於做足所有觀光旅遊的「指定動作」，在觀光的時候做個觀光遊客。

泡湯

27.03
2013

福州是溫泉鄉，有不少酒店均自稱為住客供應溫泉水，而且還是全日二十四小時不停直接送到房間浴室。朋友安排行程時，特別照顧，為我訂了這樣的溫泉酒店客房。我問：可信嗎？他先向我聲明，他本人並非福州人士，所知的一切均來自二、三手消息來源，究竟是否可靠，他亦很想知道。他半開玩笑地說：如果不好，下次再來，我幫你訂另一間溫泉酒店。

朋友進一步解釋，福州的確有溫泉，而且有文獻記載，這是可以肯定的。再者，我住的酒店旁邊有一間澡堂，據他了解，它的顧客包括一些當地的人（意思是住在附近的居民，但這不保證是本地人）。最後，我所住的酒店其實是一間老店，只是近年經過裝修，外面看來才光鮮一點。它是大力發展經濟之前已落成的酒店，說不定當年鋪蓋了喉管，真的將溫泉水傳送過來。他又半開玩笑地說：假溫泉是相當普遍的現象，國內國外都有不少例子；至少那家酒店沒有以溫泉之名提高收費之後，還搞騙人的把戲。在這個意義上，還挺老實的。

晚飯之後，回到酒店房間，走進浴室認真看個究竟。浴室牆上有兩處告示：一是二十四小時供應溫泉水，對身體有多種好處云云；二是警告溫泉水不適合飲用，切勿飲用浴缸水龍頭的來水。我扭開水龍頭，熱水滾滾來。測試一下水溫，挺熱的——我的意思是，作為溫泉，那水似乎太熱了。但心想：或者這樣才是天然的溫泉，那些恆溫的溫泉是人工調控的產品。

打開電腦，在網路上搜查一下網民對這間酒店的意見。噢！竟給我找到一位日本遊客的留言。今時今日，這個世界也實在太方便了。只要按一下鍵盤，那段以日文寫成的意見，便轉為我看得懂的英文。那段評論的大意是：溫泉水無色又無臭，似乎沒有甚麼說服力。日本人對溫泉的評語，應該有點參考價值。

但更有趣的意見是這樣的：如果那並不是天然溫泉水，也不一定是一件壞事。唯一的損失是花了一些時間去浸熱水，以為自己泡湯，其實甚麼也沒有，但浸浸熱水也應該挺舒服的。又如果你相信那是天然溫泉水，並對你產生作用，那不就很好嗎？還有需要去尋根究底嗎？但假如那真的是天然溫泉水，反而會有點麻煩，需要好好地想一下，才好去浸。要考慮的問題有二：一是究竟每一位在浴缸泡湯的住客，會否都按規矩先行清潔身體，然後才浸溫泉？二是究竟該酒店會否認真做好泉水的過濾，使它們可以保持潔淨、循環再用？如果以上兩個問題的答案都是否定的話，那就算是真的溫泉水，又有誰敢浸浴呢？

問題的根本，關乎「信任」兩字。而泡湯要泡得痛快，天然溫泉水的供應固然重要，但同樣重要的是制度：一套大家——溫泉旅館和客人——都遵守的泡湯規則。

三坊七巷

20.03 2013

在福州待了二十四小時，完成工作後朋友帶我在市內逛了一圈。福州曾是通商口岸，也是搞過洋務的地方，理應有些挺不錯的老洋房。可惜的是，過去該城大概不太重視文物保護，很多老房子均日久失修，相當破落了。下次有機會再訪，可能應往馬尾走一圈。

相比之下，三坊七巷經過近年重新粉飾一番之後，人氣旺盛。不過，作為一個重點旅遊景點，想怕也就只有場面熱鬧這一句而已。這個景區位於市中心，以南後街為主要街道，左右兩旁則是那些坊、巷。大概因為經過重新裝修，凸顯旅遊主題的關係，區內建築、店鋪的形態與風格都十分統一。但也正好因為風格十分統一，反而叫人覺得有點不是味兒。

舉例：南後街應該是一條頗有老福州氣氛的步行街，但實質上只是一條用老房子來包裝的商店街，虛有一個外殼，而缺乏實在的文化內涵。我已經沒有興趣去計較那些咖啡店、甜品店、魚丸小吃店、橄欖口果店，它們作為招待遊客的店鋪，不放在老街，也可能是置於對面街口。最難接受的是那些售賣紀念品的店鋪，內裏起碼有一半是所謂潮流產品（例如動漫手辦），隨便放到市內另一個景點，或甚至是另一個城市，亦一樣可以照賣。明顯地，這並不是發展旅遊的好方法。但問題是來到三坊七巷的遊客，數目卻相當可觀；將它包裝為文化遺產，大大提高了它的吸引力。

三坊七巷的其中一個賣點，是名人故居。曾在這裏生活的名人，包括林則徐、嚴復、林覺民、冰心等等。我沒有時間逛遍區內所有名人的故居，只是選擇性地到過兩三間而已。逛過嚴復故居，離開時在門口遇上一位內地觀光遊客，問我：值得買入場券內進看一看嗎？

我想了一會，但不知道如何回答這個問題。內地旅遊業處理這類景點的手法有二：一是陳列一些裝置場景，交代歷史人物、事件；二是以展板（文字加上圖片）介紹有關人物、事件，基本上是小型展覽。這兩種手法有一個共通點，就是呆板之餘，更沒有怎樣運用那房子的特色與空間。理論上，將那些展品、資料放到任何一處地方，效果根本就沒有甚麼差異。看過資料，再逛過老房子，並沒有怎樣加深對那位名人的認識；嚴格來說，甚至是沒有甚麼感受可言。逛林覺民、冰心故居，便很有這種感覺。兩位名人的故居是同一幢房子，逛後卻覺得那可以是任何一位名人的故居。策展人並沒有運用建築、空間來說故事，那間老房子就只不過是展覽空間而已，轉換到其他場地，也不會有甚麼分別。

福州的三坊七巷是全國十大名街之一。既然哈爾濱的中央大街也入選，我便不敢對它太多挑剔。這個由明清古建築所組成的老區，有點名過於實。

紅色旅遊不怎麼紅

28.08 2013

年前往南昌開會，未能抽時間順便到中共革命聖地之一的井岡山走一轉，一直耿耿於懷。今次在貴陽待了三天，在離開當日決定趕往遵義看一看。

由貴陽乘車往遵義，一程要開兩個多小時。來回走三百公里的路，為的是看一下遵義會議會址（回程時照例參觀了息烽集中營）。可以想像，那個會址本身，其實沒有甚麼特別。遵義之所以可以成為紅色旅遊勝地，全因當年共產黨長征路上的一次會議。據官方歷史解釋，遵義會議確立了毛澤東路線及其領導，是中國共產黨歷史的大轉折。當然，這是官方的一套歷史論述，海外以及台灣地區歷史學家又有另一種看法。在此我感興趣的問題，跟歷史「真相」無關；我之所以決定到遵義逛一逛，皆因對紅色旅遊充滿好奇。

在遵義所見，紅色旅遊果真是一門大生意；遊人之多，絕對可跟很多天然風景、歷史文化遺產看齊。由上午到下午，一直遊客不絕，而他們的年齡、社會背景十分多元化，並非只集中於某一兩類遊客。當中大部分是跟隨旅行團到來旅遊觀光的，可是亦有一些年輕的背包客。總之，紅色旅遊面向廣大群眾，客路甚廣。

但一如很多內地歷史文化旅遊景點，遵義會議會址同樣以極其死板的方式來做展覽。對熟悉官方黨史的群眾而言，他們基本上毋須山長水遠地跑來參觀。幾個場館的展覽內容，對於感性或非感性層面上認識黨的歷史，作用差不多等於零，基本上起不到增值的作用。理論上，這大可以是一個互聯網上的資料展覽，而效果大致上跟我在遵義會議會址所見到和感受到的，不會有太大出入。還是我身邊的一位遊客説得好：在那幾幢大樓拍些照片、看看展覽，或者孩子可以用來做作業！

紅色旅遊的一大賣點，是遊人要證明自己曾經去過那個地方。遵義會議會址的建築群本身談不上甚麼特色，這一點並不重要，重要的是它是一個符號、革命傳統的象徵。正因為它有這種象徵性、有作為符號的意義，到此一遊、拍照留念，就成為（至少被視為）一種經歷；而在某些特定的圈子裏（例如我當日所見那一團接一團的旅行團），這是可以分享的經歷、是該圈子的文化中一種人有我也要有的經驗。所以，在遵義會議會址前拍個照，就差不多是指定動作。而看見遊人的神情，他們樂在其中。

至於紅色旅遊有多紅？則大家毋須太認真。在遵義會議會址建築群及各展覽場館之外，新近增設有「紅軍街」。基本上，「紅軍街」區內都是小商店，販賣紀念品、小吃、土產，是逛街的地方。如果不知道這裏是遵義會議會址，基本上完全感受不到紅色文化歷史元素。從這個角度來看，紅色旅遊的特色，就是在於不怎麼紅。

紅色旅遊紀念品

04.09 2013

坦白説，遵義會議會址之旅，頗為失望。本以為紅色旅遊如此蓬勃（至少在遊客數字的意義上），有關方面起碼會從商業角度考慮，提高一下旅遊服務的質素，令遊客認為值得刻意在這個站逗留半天。又如果紅色旅遊並非只着眼於經濟效益或商業計算，而是從政治教育出發，亦應該隆而重之，好好地將這處革命勝地發展為革命思想的重要基地（暫且不談大家對革命思想這東西有何看法）。但在遵義所見，恐怕就只不過是很平凡的一個旅遊點——真的不怎麼樣。

不錯，遵義會議會址現正進行修館工程，在不久將來會以新面貌示人。但可以想像，如無意外，完成修館之後，就是在這裏加入幾個蠟像、那裏安插某個模擬的歷史場景，還有裝置一些多媒體的展示品，説是以更活潑的手法來講革命、長征、黨史的故事。從某一個角度來看，聊勝於無；但從另一個角度考慮，則依舊是十分傳統的展示手法，沒有真的怎樣利用建築物本身及整個景點的環境。更直接地説，內地拓展旅遊景點的特點，就是沒有甚麼心思。

或者讀者會問：這不是一種普遍現象嗎？世界上有很多旅遊景點其實都是不怎麼樣的。我同意，能把景點的地方特質發揮得淋漓盡致的，是少數；但很多不怎麼樣的景點、旅遊區會在其他方面——尤其是紀念品的設計——下功夫，以補救其他服務的不足。可是，紀念品的設計和生產一向是內地旅遊業最弱的一環，不單只很少會見到獨特的設計或有心思的產品，很多時候甚至是一兩種產品供應區內幾個不同景點，馬虎了事。遵義會議會址「賣」的是黨史、毛主席，表面看來很難變化出些甚麼來。但如果會址的負責人認真動動腦筋，肯定可以是一門（甚至是大的）生意。

當代旅遊事業發展的一大特點，是無論景點屬於哪一種性質（由歷史上的暴行或慘劇、宗教主題，到現實中不曾存在過卻深入民心的普及文化主題），都可以大賣，並且大有搞作。以葡萄牙花地瑪鎮為例，因聖母顯靈，吸引大批信徒到來崇拜、參觀。聖堂設有紀念品部門，裏面有關聖母瑪利亞及耶穌的紀念品種類之多，超乎想像。只要到過花地瑪，一定可以幫助我們認識到宗教旅遊有多大的市場潛質。

回到遵義會議會址，它當然有一定數量以毛主席為主題的紀念品，但問題是差不多完全沒有該地的特殊紀念價值可言。相對而言，主席故鄉韶山就聰明得多，單是不同大小的毛像，就大量供應。但遵義似乎連在這些方面搞一點新意的動力也欠奉——紅色旅遊人士重視的，是以會址為背景拍照留念，追求的是一份到此一遊的記錄。景點是否有趣，又或者有沒有一些具備特色的紀念品，根本就沒有太多人會注意得到。

最爛旅遊景點

03.08
2011

到南昌開會，中間有幾小時自由活動的時間，於是跑往看看著名的滕王閣。對我而言，這座江南名樓跟黃鶴樓一樣，百分百令人失望；不親眼見過的話，可能還可以保留一點想像的空間，如今一睹真貌，反而連想像一下的興趣都消失了。

現在我們見到的滕王閣、黃鶴樓，均屬重新興建的仿古建築。而所謂仿古者，是以古建築風格興建，而非按原貌重建（亦不一定是百分百於原來位置上興建），所以到名樓現場感受一下氣氛、意境，全憑個人想像，與該建築物不一定有密切的連繫。而更進一步削弱這種連繫性的，是這些仿古名樓建築，都會毫無遮掩地引入現代元素。名樓安裝了代步的升降機，是這類重建項目的特色之一。更甚者，是滕王閣於入口處左右兩邊都裝有升降機，還安排了服務員在門口高聲呼叫：每位收費一元！於是（大概是因為收費太低），上落兩邊門口都擠滿遊客，出入困難；加上人流不絕，遊人又愛爭先恐後，場面相當混亂，大煞（本來也不怎樣的）風景也。

記得十多年前曾到過日本的和歌山，該處著名的山城也是重建的建築物，但記憶所及，應是原貌重建的，登高遠望，有點意思。但這似乎並不是我們對待文物、古建築的態度。部分原因相信是我們的名樓大多曾經毀壞（還不止一次），每次重建都另創建築風格；嚴格來說，根本就不存在原貌這回事，於是也就沒有所謂按原來風格復刻一次的想法。但同樣重要的是，我們對於原貌，基本不甚重視。只要有個名堂，搞出個有賣點的景點來，就算是大功告成了。就我個人經驗而言，能有個略為光鮮的門面，就已經不錯的了；不少旅遊景點到了施工後期，半途而廢，連道路也沒有修好便草草收場。若我們認真地去檢查一下，究竟全國有多少未百分百完成的旅遊建設項目，可能大家都會嚇一跳。

說老實話，本人對於內地旅遊文化——由業界、地方政府、相關的各類業務，以至消費者——頗有意見。曾想過一項寫作計劃，題目是「我國一百處最爛的（或最令人失望的）旅遊點」，以提醒遊人不要浪費時間和金錢在那些現實與期望嚴重落差的旅遊景點之上。這應是一項公德事業，警醒遊人之餘，又可給那些負責開發或管理景點的單位一點壓力，督促他們改良、進步。我總覺得，有必要製造一些壓力，督促業界改善，否則國內本地遊客太多，同時又沒有甚麼要求，以致各地大小不同的旅遊景點，不論好醜，統統擠滿遊客。在這樣的經營環境裏，業界根本沒有任何壓力或動力去促進、改進。江山大好景色，卻將五星級的自然或歷史文化旅遊資源，以二三星級的水平開發，這確實是一大浪費。

糟蹋五星級旅遊資源

04.08 2010

到天津、哈爾濱走了一轉，感覺上當地很多文化及城市旅遊資源都未有好好利用。這是好事還是壞事，可謂見仁見智。有時太過自覺要利用城市的歷史文化資源來賺錢，會將很多歷史文物變得太商業化，反而不美；少一點全面利用，或者反而可以幫助保留舊貌，多留一點文化與歷史。不過，以上討論並不適用於天津和哈爾濱（也包括大部分內地城市），事關發展文化及城市旅遊的種種計劃與工程早已動工，而擺在眼前的情況是，很多項目的效果並不理想。

我所謂的效果不理想，並非指遊客數目不足；國內旅遊的一大特點，是就算旅遊景點、產品的質素未如理想或預期，亦一樣不乏捧場客，問題往往是因為遊人太多、環境擠迫，而不是旅客太少、場面冷清。以哈爾濱的中央大街、聖索菲亞教堂為例，整天不分日夜，遊人不絕。如此旺場，令我明白為甚麼它們沒有壓力或需要做得更好；負責拓展這些旅遊項目的人士及部門對目前的狀況已經滿意，這不難理解。但若從保留歷史文化的角度來看，則肯定會覺得這些景點可以大大改善的地方實在太多——五星級的旅遊資源只能為遊客提供二三星級的旅遊經驗，這是浪費、糟蹋。

其實哈爾濱擁有不少百年歷史的歐洲建築，其歷史價值毋須懷疑，但如何可以將那段歷史及城市氣氛保留下來，則目前所見並未會令人覺得，有關的工作已經認真做好。這是相當可惜的事情。以中央大街為例，它的格局有點俄羅斯聖彼得堡的味道，儘管多年來已因蓋上新的樓房而有了不少改變，較難完全以舊日面貌示人，但歐洲色彩仍浸透其中，本可慢慢咀嚼。只可惜現在所打造的俄羅斯風情，其實不甚講究，無論在外型或內在的精神，均粗枝大葉、虛有（甚至毫不貼近原有文化特色的）形式；在細節方面，基本上是不及格。

中央大街上的老房子、俄國西餐館如此（所謂百年歷史，就只不過是一個招牌），附近的聖索菲亞教堂也好不了多少。本來，經過復修的教堂，再有廣場、老房子及一些自覺在風格上協調的新建築的配合，應可營造一點氣氛。但同樣因為對細節的忽視（明顯地表現於教堂內部未有真正復修的狀況），處理不夠精細，大好的歷史文化遺產，主要功能就只在於滿足遊客拍照留念的需要。

天津曾有租界，同樣也保留了不少殖民歷史與建築；近年的開放工程，亦很自覺地要借用歷史文物來推動文化城市旅遊。有高鐵的支援，來往北京只需三十分鐘，大可吸引不少即日來回的遊客；論條件，本來不差。前意大利租界的建築因不能在其他通商口岸多見，應是頗有特色的資源；奈何在利用與發展上，同樣敗於不甚講究（到處都是餐廳，但名字由法國的、德國的、瑞士的以至泰國的都有），沒有甚麼宣傳中的風情可言。

對細節、質素、內涵的忽視，是現時國內發展旅遊的一大問題。

人造風味

07.12
2011

早前在北京待了兩天，離開之前到朝陽公園旁邊的藍色港灣逛了一轉。在一個安靜的、懶洋洋的周日早上，到單向街書店二樓咖啡館嘆一杯拿鐵，感覺良好。

藍色港灣的正式名稱是SOLANA藍色港灣國際商區，簡單而直接地說：是一個大型購物、消閒、消費空間。據其「官方」宣傳資料，它「彷彿一個從歐洲空運而來的小鎮」——「和傳統的購物中心相比，在SOLANA藍色港灣藍天白雲代替了天花板，自然清風代替了空調管道新風，原汁原味的歐式建築、寬窄適宜的街道，再沒有人潮擁擠的逼迫感，為消費者創造出了一個舒適迷人、富有親和力的開放式購物環境，讓消費者彷彿在數分鐘內從擁擠的北京來到了浪漫典雅的歐洲」。究竟它的歐洲風味有多歐洲，那當然有很多可以商榷之處（將歐洲想像為一種單一文化，有一種固定模式的想法，這本身便大有討論的空間）。但對於這類主題化的購物、消閒商場，它的真真假假，有時沒有必要太過認真。所謂主題化者，就是無中生有、假可亂真。如果太過認真的話（很難想像要嚴肅對待一個主題環境，那將會是一種怎樣的旅遊或消費經驗），那就肯定不會好玩。

事實上，立即吸引我的注意的，也並不是這處地方的仿歐洲環境，而是那些滿佈紅葉、金葉的樹木。剛下的士的時候，第一時間便給它們所吸引。在一個冬天的環境裏，卻可以欣賞秋天的景色（究竟這是一種對歐洲的甚麼想像，當然亦可以繼續討論），很適合我這類來自南方的「半日遊遊客」（基本上不太懂得如何區分北方的秋天與冬天），覺得十分方便（秋冬氣氛在一個景點上同時提供）。初時我以為那些都是人造假樹（是一個主題化環境嘛！），但走近一看，卻意外地發現樹幹、樹枝都是天然真樹，假的部分在於樹葉——場地的管理公司安排人手將一串串的人造紅葉、金葉，接駁到每一節早已落葉的樹枝之上。當時在我眼前所見的那些紅葉、金葉樹木，是天然與人工元素混合而成的結果。在一個主題化的環境裏，不要問「這樣做能產生真實感嗎？」，而是要了解消費者有何反應。

現場所見，以此作為背景而拍照留念者，大有人在，而且樂此不疲（畢竟今時今日拍照實在太方便容易了，人人隨身有拍照的工具可用）。看遊人的表情，他們似乎相當滿意。而如果我們再將自己的想像力延伸一下，把遠處的那一層「煙矇矇」的效果（相信是空氣污染的結果），當作浮在空氣上的霧，再加上那所謂歐洲風格的階梯、廣場、建築，陪襯着秋天氣色的紅葉，這就是空運而來、位於北京的歐洲小鎮。氣溫攝氏四度，朝陽公園旁邊，眼前紅葉處處，好一番北京的歐洲想像。

升格世遺是好是壞？

11.08 2010

我已不止一次談到國家的旅遊資源經常未有好好運用，不少甚至是浪費、糟蹋；不過話還未說完，國內又有文化及大自然景點列入世界自然及文化遺產，申請掛牌成功。

對很多熱愛旅遊，經常走遍大江南北、名山大川的人士來說，當然不會因為一個世界自然及文化遺產的牌子而對某一些景點產生興趣。可是，對旅遊市場中的大眾遊客而言，他們則肯定會受到這個符號吸引；對那些掛上牌子的景點，雀躍萬分。而對當地的有關單位（由地方政府到提供各種旅遊服務的相關機構），能否正式掛牌事關重大。提高吸引遊客的能力固然重要，但更重要的是，有了世界自然及文化遺產的牌子之後，出師有名——開動各種工程，名正言順；而向外招商、貸款，更是大有道理。而事實上，也因為掛牌的關係，外來投資會對該地方及相關的發展項目另眼相看。這是否表示將會財源滾滾而來，未必可以太過肯定；但有一點是可以肯定的，就是一經掛牌，很少地方會安於現狀。好好醜醜，總要搞出一些所謂的新意思，會做出一些動作。

年前曾到過一個即將掛牌的旅遊景點遊覽，當地負責接待的人士誤以為我是外來投資者，大獻殷勤之外，還詳細交代各項新項目的細節：由開發溫泉度假酒店到打造高爾夫球場，林林總總，名目之多，嚇人一跳。從好的角度來看，是雄心萬丈、野心勃勃。有了世遺的地位，立即變得主動得多；但換另一個角度來看，則是畫蛇添足，巧立名目，借機發財。那些所謂新項目、發展大計，只見乘機招商，而不見有任何長遠打算，更難看見有甚麼歷史文化文物的保育意識。說得難聽一點，一經掛牌，大有可能是大規模破壞的開始。

論自然風景和歷史文化，中國可謂根基深厚、資源豐富。當前急務，不在於多申請一個世遺項目，也不在於開發更多景點，而是在於好好愛護自己繼承的自然和文化遺產。供人民分享國家的自然和文化遺產，這當然是十分合理的想法和做法；不過，讓廣大人民都能夠享受和欣賞這些遺產，不等同於只求門戶大開，提升到訪人數。一個國家之所以要建立國家公園、興建博物館等等，當中包含了教育的意思。而文化教育旨不在於思想灌輸，而是幫助人民懂得從自己國家的歷史文化、地理及自然環境的角度，來欣賞國內各處文化歷史及天然風景。在公開、開放的同時，如何能夠保留原來的風貌，這是最大的挑戰。

數月前到張家界逛了幾天。該處山色之美，相信不會有任何爭議。就算在《阿凡達》電影之後，由當地機場到各個山頭的每一角落都有戲中哈里路亞山的宣傳（其擾人程度實在誇張，帶來不少反效果），也阻不了我欣賞它的自然風景。問題是：如此優美風景，卻一點也不會給人優雅的感覺。這是糟蹋了大好的自然遺產。

尋找靚早餐

18.08
2010

在內地旅遊、出差經常遇到一個問題：究竟到哪裏可以吃到一份好的早餐？

稍等。各位讀者，稍安毋躁。我當然知道，要在內地城市、鄉鎮的街頭吃到可口的早點，一點也不困難。就算是北京、上海、廣州，要找到一間小店坐下來吃一頓味道不錯的早飯（我的意思是中式早飯，任何自稱為非中式的早飯，基本上都不太可靠，在這一點上，只有港式茶餐廳可能例外），基本也沒有難度。我在上面提出的問題，其實是針對時下內地酒店的早餐安排。

以個人的經驗而言，一家酒店的早餐的難吃程度，基本上跟它是否四星或五星級無關。我甚至敢說，酒店的早餐是否難吃，跟它的房費也沒有直接關係。如果讀者堅持認為星級與收費水平應該是可靠的指標，我建議他們最好光顧一些海外集團連鎖經營的酒店，因為它們的早餐走樣的程度，還未至於太過離譜，尚處於可以容忍的範圍。不過，話雖如此，海外牌子的酒店提供只能勉強接受的早餐，名單還是長長幾張紙，名字一大堆。

那麼遊客如何區分一間酒店早餐的水準呢？以我多年在內地各處觀察所得，最可靠的指標是用餐的地方的佈置——假如是一個大堂，裏面擺放了很多張大圓桌（供十二位食客使用）的話，那頓早飯十居其九屬於難吃指數超標的一類（例如那些蒸饅頭拿到座位時已經變成「硬鐵」，又或者所謂的果汁，由顏色、味道到口感都未能聯想到它有可能是一種——無論是以任何方法製成的——果汁）。只要見到那些巨大的圓桌，我就會想辦法調頭走人。坦白說，我們沒有理由純粹因為房費「含早」，便接受這樣的一份早餐，令自己整個早上的心情受到破壞。跑到街上找間小店吃一頓簡單的早飯，只是多花幾塊錢，心情起碼可以保持平靜。

必須注意，那些圓桌令人覺得可怕的地方，不止於它們所反映出酒店早餐的食物質素，而且還顯示出一個莫名其妙的安排——大家（雖然互不認識）「搭檯」食早餐。究竟這樣的安排有些甚麼好處，不得而知（或者很多人是出席會議或參加旅行團，所以沒有甚麼所謂）。但可以肯定的是，上述安排跟很多人所期望的四星、五星級服務，並不配合。

不過，就算酒店用餐的餐廳擺放的是小型的長方餐桌，也不能百分百保證那頓早飯可以達到一般要求。在酒店提供的自助早餐當中，最具挑戰性的項目是那杯熱咖啡。關於這個問題，已有不少專欄作者談過，在此沒有必要多說。對我來說，先不談味道，只要能夠得到一杯熱的——不是溫的——咖啡，就已經心願足矣。在內地行走，自備咖啡，肯定不是一個壞主意。

或者讀者會問：只是早餐一份，何必斤斤計較？若讀者有興趣進一步了解這個問題，可登上一些有住客點評的酒店訂房網站，細讀他們對酒店服務的批評，便會明白內地酒店早餐的問題有多嚴重。

「意外驚喜」

01.08 2012

近年到內地的二三線城市公幹、旅遊，總有一些「意外驚喜」。

例如最近在這類城市待了幾天，住在一家掛着國際連鎖招牌、名為四星而實際上更似是三星級數的酒店裏。酒店是新落成的，但硬件的問題已逐漸顯露出來。在大堂的樓層設有兩家西餐廳，但以內地市場狀況（我國廣大人民群眾基本上並不喜歡西餐）而言，這是頗為不可思議的事情；而現實的情況也是無法同時經營下去，於是要用餐的話（其實我只是好奇地問一下而已），請移玉步，需要到大堂另一邊的餐廳去。

走到另一邊的那間（我的意思是自稱的）意大利風味的咖啡店（當然，單憑餐廳的裝修，基本上不可能將它跟意大利食品聯想在一起）時，服務員很主動地向我推介。她告訴我晚餐以自助餐形式進行，但單點亦可以；

參與某一個會議的客人可憑餐券入座，服務到九時才結束。我反問：是意大利式自助餐嗎？服務員開始有點苦惱，要由部長來解圍。她說：比薩共有兩款，但炒飯、麵條、壽司都有，還有著名的烤羊。她還繼續說：自助餐很受歡迎，店內的客人（在我看來，似乎全部都是出席在酒店會議室舉行的會議的來賓）差不多全數都以此為他們的選擇。我沒有進一步追問，跑到外面一家國營小店吃一碗麵條便是。

我所訂的房間，不含早餐。我一向認為內地酒店的早餐（十居其八點五）很難吃，所以如果可以選擇的話，一定不點含早餐的訂單。我的酒店對面就有肯德基，應該有皮蛋粥、油條套餐，再單點一杯豆漿，也肯定只是酒店早餐的五分之一的價錢。論食物質素，酒店提供的那種價值一百人民幣的自助早餐，一般不如街上任何一間小店。

不過，那個晚上有點特別。因為翌日會議在八時正開始，而且還要時間前往會場，等於早上七時半便要離開酒店；再加上肯德基的方向不順，於是便想到要求送餐服務。我填過早餐單，然後把它扣在門外的門柄上。

在一般情況而言，只要在午夜之前填好餐單，翌日早上便會按要求送上早餐。結果呢？早餐並沒有送來。打開大門，發現那掛在門柄上的餐單基本上原封不動。我需要趕往會場，所以就沒有再想早餐的事情了。

到辦退房那天，服務員問我對酒店服務有何意見，我才想起這個送餐安排的問題。我講出遇到的問題時，服務員向我解釋：其實我需要先聯絡櫃檯，要求他們前往取單，才會跟進我要求送餐服務的單子。她還面帶笑容，反問了我一句：這家酒店房間數目眾多，怎可能每晚逐層巡房，查看客人有沒有預訂早餐？下來餐廳用餐，不是也很方便嗎？我們的自助早餐有很多選擇，挺受歡迎呢！下次嚐一下吧！

這就是我們的第三線城市。

惡劣的內地機場體驗

22.08
2012

對於內地各大城市的飛機場，一向不敢恭維，而這包括北京、上海、廣州在內。至於西安、深圳、南京、南昌、武漢、重慶等，就更不用多說。

在我眼中，內地的機場分為兩種：沉悶型和大而無當型。當然，兩者並非互相排斥，所以也有不少機場是既大而無當又相當沉悶的。而我相信，在全中國大興土木，每個城市（已經屬於一線城市者除外）都想排上一線、二線的今天，愈來愈多地方的新落成或擴建的機場，都會變為這類大而無當而且沉悶的類型。

現時內地不少城市都喜歡興建大型機場，大概是以為愈大愈有氣派，愈能顯示該地方有條件升格為更高檔次的城市。以廣州白雲機場為例，它是龐然大物，也因為面積巨大，機場內有電池車載人服務。而需要或有興趣使用該服務的人士，也大有人在。於是在新白雲機場的登機樓層，便時有電池車在旅客身邊擦身而過，相當刺激。被嚇了一跳的遊客初則欣賞機場管理人員想得周到，能細心照顧他們的需要；但想深一層，則大樓的設計其實沒有怎樣想過渺小的飛機乘客的處境——電池車服務的存在正好說明，對某些乘客而言，要從安檢關口步行至登機閘口，是有一定難度的。這一種對大面積的追求，真的是有點拜物教的味道。

至於沉悶，例子包括機場內的店舖（由紀念品到手信）基本上是千篇一律，完全沒法感受到機場管理層、相關店舖的老闆與經理，對如何經營機場商店有任何心思。如果單只是沉悶，那便算了，反正到上機前最後一刻還有購物需要的，也只求順手，而不會太重視能否挑選到有特色的物品。機場商店的罪在於死板，但是餐廳、咖啡店（當然並非指國際連鎖經營的店舖）的問題——由餐單到服務本身——則是罪加一等，基本上只存在惡劣或極之惡劣的分別（若讀者有心水介紹，煩請來信指正，我一定盡最大努力親自體驗一下），相當令人失望（而對我而言，是已經絕望）。

以咖啡店為例，收費是驚人的貴（那些自稱為藍山咖啡的，一杯隨便收費六七十元人民幣），而水準則是驚人的低（基本上是廉價即溶咖啡）。或者有人會說，要求在內地機場嘆咖啡，就是自找麻煩。好的，到旁邊的餐廳點一碗叉燒湯麵，其驚嚇程度亦不遑多讓。叉燒嗎？基本上是百分之九十五的肥猪肉；麵條嗎？我相信負責烹調的，一定不是職業廚師。飲料、食物根本就不及格。

至於航空公司的貴賓候機室，由設計、設備到服務都嚴重滯後，全無概念可言。

或者在國內負責設計、管理、經營機場的人士只從實用主義角度入手（即只要乘客能上飛機便可以了），沒有認真想過，當代機場的功能早已不止於交通運輸，而是每天有大量人流的交匯處。是否新建，又或者是否巨大，不是最重要的考慮。對飛機乘客而言，他們要求的是服務。

好大喜功

14.11
2012

日前在南京待了兩天，離境當日需要在早上六時許到達祿口機場，乘原定八時十分起飛前往日本東京的班機。的士師傅開車前跟我說，今早有霧，你的航班沒有希望準時起飛的。不過，在那句話也未講完之際，他已大力踏下油門，全速起步。果然，霧愈來愈濃，連視野也明顯地受到影響了。我表示時間充裕，而環境狀況欠佳，那就不如開慢一點，無謂左右超車。那位師傅的回應頗有趣：不趕快將你送到機場的話，到霧已濃得伸手不見五指的時候，我怎能回到市區？我不擔心你的飛機會延誤——延誤是肯定的了，兩個小時一定在所難免——我擔心的是自己的處境，我可不想困在機場附近，車走不了，也沒有生意可做。說着，他繼續風馳電掣，在那只有五米視野的公路上，為我提供我並不需要的高速的士服務。

結果呢？我的班機延誤了接近三小時。幸好南京機場的國際航班並不繁忙，一切都可以在頗為安靜的環境裏發生。不過，向機場外望，新的大樓已逐漸成型。可以想像，不到兩年的時間，這處將會蓋好一個面積很大、外型很新的新機場，到時南京一定視此為一個象徵符號，以顯示它正朝向作為更高層次、更國際化的城市進一步發展。

航班延誤期間，有乘客破口大罵：怎麼一場霧便將機場都搞垮了？還學人家將機場擴建？擴建了之後就不怕濃霧、大雨嗎？不知道那些為機場選址的專家、高官們，有沒有用腦想過問題？那到了春天怎麼辦？他們有誤班的統計報告嗎？下次可能乘高鐵到上海，再到虹橋也好、浦東也好，轉乘國際航班才是辦法。

但浦東是有優良管理的國際機場嗎？甚至是首都機場，也不見得管理妥妥當當。各個城市為求升級升格、打造形象，爭先恐後地興建各個大型基建項目。但工程過後，卻沒有認真做好管理。在中國，這些情況甚為普遍。但問題又並非只局限於中國。今時今日，世界上很多城市（儘管背後的成因不盡相同）都存在這類問題。日前暴風襲紐約，造成重大破壞。以紐約作為「全球城市」中最高地位的城市，很難想像它的防災能力竟可以是如此低水平。同樣，年前倫敦面對雪災，亦一樣束手無策。

內地城市發展的問題，有的是好大喜功，有的是尚未發展出應有的管理意識。至於歐美國家，則是典型晚近二三十年資本主義的問題——焦點只在於爭取回報，而不重視長遠投資。防災工作（例如在城市地底興建巨型排水系統）屬於支出，可免則免；它們只會在重要關頭才發揮作用，平日並不顯眼。對時下很多市政府而言，它們更樂於搞短期見效的所謂政績工程，而不是長遠的優良城市管理。城市管理人員只着眼於眼前，城市人惟有自求多福。

大陸放暑假，小心！

31.08
2011

早前從內地某三線城市乘坐飛機往深圳，到機場辦理登機手續時，櫃檯的服務員向我解釋已經沒有窗口的座位。我一向喜歡坐近通道旁邊，於是向她表示沒所謂。她抬頭看我一眼，再問：真的沒所謂嗎？然後露出一種頗奇怪的眼神。我從她手上接過登機牌，兩人四目交投，她欲言又止。

今時今日，內地城市正以高速發展，很多三線城市都搞其「超前」基建，即在需求還未出現之前，已經興建了一個大型的、現代化的機場。而在現實生活裏，由於客量不足，所以只有半個或三分之一個機場投入服務。所以，在走往候機閘口路上，感覺算是相當不錯——至少空間充足，而旅客不多，不會感到人頭處處、十分擁擠。在登機之前，十分平靜。沒想到原來在這片刻寧靜的後面，將會有一場暴風雨。

問題是：我對機上的形勢全盤估計錯誤。在內地機場登機，不能太過禮讓；讓別人先上，最後才慢慢前往閘口的做法，基本上是自尋煩惱。我國人民喜歡拿手提行李上機，而且數量超乎想像（至今仍不太肯定究竟有沒有限制），稍遲到達自己的座位的話，附近三十公尺內的行李架都一定被人放上大包小包，擠得滿滿。有關行李空間的爭奪戰，我曾經試過連前座底下的小小空間，亦給某位乘客佔用（稍後到飛機剛降落，一般乘客仍扣上安全帶時，那位仁兄說時遲那時快，已閃現眼前，從我座位前取回他的行李），結果找來空姐將背包放到離開座位二十排的行李架裏去。憑着這樣的經驗，我及早登機，並很快地安頓下來（即找到自己的座位，而又沒有人問我會否介意幫他調一個位置），滿以一切順利，兩小時之後便身心暢快地抵達目的地。

就在這時候，我留意到附近坐了七位第一次乘搭飛機外遊的（他們的興奮表情基本上將一切都「寫」在臉上）小男生、小女生，在飛機還未起飛便開始活動。首先是調位，再而是集體參觀洗手間。到空姐派餐時，他們想在走廊伸伸腿。飛機降落前有人發起玩遊戲，各人不斷離開座位後，很快跑到另一個座位去。幾經艱苦，終於飛機準備降落，豈料這時候他們的家長建議男女生們上一次廁所。於是，連空姐也開始緊張了，要求他們坐下來。但說時遲那時快，已見到小男生成功「抵壘」，在洗手間門外嚷着已經忍無可忍。一時之間，家長也起哄了，問為何不可以上廁所（這是一個很好的問題：那小男生在降落時上廁所應該對我不會構成危險，但假如那幾位已走出走廊的家長繼續隨意走動的話，則我有理由相信，遲早自己個人的安全亦會受到威脅），然後七嘴八舌地議論一番。

還是駕駛員夠鎮定（我相信他根本沒興趣了解客艙發生了甚麼事情），在你一言我一語的一刻，把飛機降落了。之後，所有人立即解開安全帶，拿着行李，一個箭步前往落機的最佳位置。

兩小時多的旅程很快便結束了，相當難忘。

大陸放暑假，小心！

要快旅行團一步

04.12
2013

中國旅遊業發展的最大障礙在於兩點：一是它龐大的旅遊人口，二是它的具體經營及操作模式。這兩個因素令旅遊景點難以保持服務質素，為遊人提供高質素的旅遊經驗。我們先談第一點：無論是哪個旅遊點，總是遊人太多，太擠、太吵。

最近在杭州待了一天半，住在西湖旁邊。這是我第二次遊西湖，上次到杭州逛逛，已是六七年之前的事情了。坦白說，上次的旅遊經驗，是相當的一般，儘管西湖風光如畫，但卻沒有很好的印象。當時是在復活節期間到杭州度假，那就等於是在周末在西湖遊覽。而具體的情況是，星期六和星期日兩天整個西湖都擠滿了國內的觀光遊客。西湖的蘇堤全長接近三公里，從遠處望過去，就是一條三公里長的人龍，遊客一個接着一個的，就好像排着隊，緩步前進。由於實在太多人了，而且人聲吵雜，根本就沒有甚麼氣氛、味道可言。就算西湖再美，也因為人都擠在一起，只會覺得淡而無味。

今次所住酒店靠在西湖邊上，房間的陽台讓我看到湖色美景。而早上六時許到蘇堤上散步，跟年前的感覺完全不一樣。由於時間很早，蘇堤之上以本地人為主，完全見不到旅行團的蹤影。當時遊人不多，四周平靜，給我一個慢慢欣賞西湖美景的機會和環境；同樣的風景，但今次的感覺完全是另一回事。蘇堤破曉，原來是如此的美。兩次遊西湖的分別，就是在於遊人數量和環境，只要沒有吵吵鬧鬧的旅行團，西湖風景便自自然然地呈現在眼前。

朋友又安排到西溪濕地逛逛，乘搖櫓小艇，在河道上邊喝茶邊看自然風景（這塊濕地並非完全自然，但總的來說還是可以的）。坦白説，論景色，西溪不見得十分特別。但旅遊當日，遊人不多，靜靜地在河上泛舟，心情平靜，感覺上很輕鬆。中國其實不缺好地方，但問題是往往會因為遊人太多而破壞氣氛，令人覺得混身不舒服。據説逢周末、假日，西溪濕地會擠滿人；要乘搖櫓小艇的話，隨時要等上兩個小時。如果問題只在於等候，那還好辦。當不少遊客都要等候小艇的時候，那就等於説河道之上，基本上擠滿了大小不同的木船。既然人多，便自然會有聲浪；西溪原來那種寧靜，亦會因此消失。西溪最叫人嚮往的元素，會隨着遊人數量的增加，而按比例地大打折扣。

遊西湖和西溪的經驗説明，只有快旅行團一步，在那些導遊與團隊在景區出現之前，才有可能真正欣賞到景點之美，靜心感受區內原有的那種氣氛。像西湖、西溪這些地方，只要保持寧靜，毋須再額外加工，就已經很好。只可惜早上九時、十時過後，一車接一車的觀光遊客陸續到來，一聽到導遊以揚聲器向團員講解，本來平靜的環境便不再安靜了。旅遊業服務太發達，人流太多，不是好事。

景區管理

11.12 2013

我說中國旅遊發展的兩大障礙，一是那龐大的旅遊人口，二是它的具體經營及操作模式。前一篇談過旅遊人口眾多的問題，這一篇分析景點的經營及操作模式的缺點。

在〈要快旅行團一步〉裏談及早前在杭州待了兩天，逛逛西湖；（當旅行團的群眾尚未出現之前）景色之優美，令人心曠神怡。朋友似乎也很清楚群眾的威力，於是我們一早出發，第一站是三潭印月。這個湖中小島，不是甚麼叫人目瞪口呆的景色，而是有種秀氣，望湖上三座石塔，清幽雅致。

但就在那時候，提供旅遊服務（例如攝影服務）的工作人員開始要招生意，於是很努力地向每一個遊人作介紹，不停地在叫「拍照留念」。本來寧靜的三潭印月，也就到此為止了。當然，很難怪責那幾位提供照相服務的小商戶在破壞氣氛、大煞風景，事關他們付出了租金（相信也不是一個小數目），佔上了這樣的一個黃金地點，若不努力爭取生意，他們的行為便不符合經濟原則了。所以，他們的聲浪愈提愈高，可以說是預期之內的事情。他們開檔做生意，沒有道理會放棄任何一個機會。如果可以抓住遊客，一定不會輕易放過推銷服務的機會。

問題是：為甚麼管理景區的單位會認為應該將島上不少地點都撥作旅遊服務之用？答案其實很簡單，就是該單位要想辦法去創造經濟收入。為了達到這個目的，景點之內可以開設服務站的位置，統統租出。如此這般，在全國各地，我們每到一個旅遊點，在最具吸引力的景點，都一定有這種或那種服務提供，而且是愈重頭的景點，附近一定也就是做生意的旺地。內地大部分旅遊景區的管理，都不會考慮如何維持原來的風貌及氣氛，也沒有想過要怎樣做才可以為遊客提供一流的服務，而只會在「適合的地點」都搞點經濟（由售賣紀念品的店鋪到茶水供應站）。這種經濟意識基本缺乏全局觀及遠見，注意力只在於即時的經濟回報。以這樣的心態來管理景區，無論風景如何吸引，結果多因管理欠佳，而令景點大打折扣。

這種景點的經營及操作模式差不多保證了景區無法擺脱各種小生意的活動，而當大部分的服務員都挺喜歡高聲叫賣時，便整天叫個不停。與此同時，服務員又喜歡走進群眾中間，落力推銷，不時出現一些擾人的場面。而負責景區管理的單位，很少會從遊客的整體經驗出發，嘗試將景點及其他商業活動在空間分佈上有所分工，令遊客可以在觀光過程中盡情投入，體驗景點原有的氣氛。當每一個景點都很微觀地考慮創收、開拓生意，則景點質素難保，實在一定會出現，問題只在於時間上的遲或早而已。風景本身未必已經大不如前，而是無人理會如何保持高質素旅遊經驗這個大題目。這是一個管理的問題。

舊地重遊？

25.07
2012

我對攝影是百分百的門外漢，所以多年以來外出旅遊的時候，甚少拍照留念（經常甚至連攝影機也沒有帶在身邊）。以前，我對此並無特別的感覺。年輕時到外地旅遊，遇上一處心底裏喜歡的地方時，會對自己說：將來一定要再到此地一遊。所以，沒有一個記錄，這並不重要，反正當地的景色、氣氛、人情，將來會有機會重現於自己眼前。那不是甚麼豪情壯語，只是心裏有一份肯定。

但隨着年齡的增長，感覺有變。現在，偶有機會到一些自己從沒想過要到那裏旅遊的地方（通常是舉行大型會議的地點），感受良多。在那些地方之中，間中有些屬於意外驚喜，但更多是一如所料的（難怪它們從來不在旅程計劃範圍之內），就僅是到此一遊（或者半遊）已經足夠。而面對眼前那些「不屬於自己旅遊計劃」的景點，開始想把它們記錄下來——因為覺得如無意外於有生之年，也不會重臨此地矣！這聽起來好像有點悲觀，但實際上，人到中年，時間觀念會有所轉變。在有限的時間裏，到自己最想去的地方，要珍惜機會，亦需要計劃一下。想一去而且再去，要有深度接觸的，要考慮一下如何安排；至於另一些地方，或者就是只此一遊、順道經過，便差不多了。面對現實，時間不再是無限量供應。

最近到過銀川，前後停留三天（其實就是四十八小時罷），當中主要是會議活動，故只能十分表面地接觸一下。時間所限，我只能在上機之前找一兩個觀光點逛逛。結果我選擇去看看賀蘭山。賀蘭山的山勢、顏色都頗為特別，完全是那種在想像之中處於兩地邊界上的天然屏障類型，地勢特殊，誰都不容易越境來犯（當然，也不好向外進攻）的一處古代軍事地點。近距離地看看這有名的山脈，沒有甚麼思古情懷，只覺眼前風光大好，感覺不錯。

但往機場途中，問自己：會再來銀川嗎（還沒有去沙坡頭、須彌山石窟）？答案是或者。如果是會的話，相信也只是另一段旅程的一個中途站而已。到達機場的時候，回頭一望（當然是沒有甚麼好看的），感覺上這可能就是自己跟銀川的最後接觸了。

如前文所說，年輕的時候，在旅途之上從來不會有這種感覺。以前覺得舊地重遊是不會有任何困難的；每次去到一處好地方，自自然然地會想一下，下次重遊之時想做些甚麼：有些甚麼是應做而未做的？有些甚麼是做過而很想重複經驗的？當然，以前也去過好些地方，心想就算將來有人邀請，也未必一定接受重來。不過，現實的情況往往卻是因公而一去再去。有時重訪之後會改變印象，但也有些地點從此成為了「鬼地方」，成為了在自願的情況下，一定避之則吉或可免則免的目的地。

過了某個年齡之後，舊地重遊是一重大決定。

第五輯

作為超級電視迷的我

必須承認，我是一名電視迷，到了今天仍然死不悔改，每天都會看看電視劇。對我而言，看電視是生活習慣，與節目內容無關。睡前的動作是關掉電視機，而早上起來則是拿起遙控器，開電視看新聞。上世紀七十年代中的毒，看來沒有解藥。

大搞台慶

01.12
2010

年輕朋友覺得「無綫電視」（TVB）每年大搞台慶的做法，莫名其妙。的確，世界各地的電視台哪會像無綫電視般自我感覺良好，用上整個月的時間，以鋪天蓋地的宣傳攻勢，搬出好幾個大型節目，自我肯定一番？但問題是：為甚麼到了現在，每年還有二百二十至二百六十萬人準時收看台慶特備節目呢？

我完全明白，在年輕觀眾眼中，這些群星拱照式的台慶節目內容空洞、賣點每年不斷重複，連獎品質素都逐年下降，究竟還有甚麼值得大家談論？而在免費電視作為主流大眾傳播媒體的地位已有所動搖的今天，無綫電視還有甚麼條件每年自我感覺良好一番？所謂的台慶月獻禮，無非是電視台的一輪自我宣傳攻勢，為全年餘下頗為平淡的十一個月做點裝飾的功夫而已。

台慶節目是否就只是一些（得到贊助商支持的）宣傳活動，這當然是觀點與角度。但我作為「電視撈飯」成長的一代，會明白為甚麼到了今時今日，無綫電視的台慶製作仍然可以是一個話題。在技術層面上，電視與娛樂新聞媒體基本上存在着一種共生的關係——後者批評電視台是一回事，一到了需要尋找新聞來源的時候，則不難發覺電視節目、電視藝員仍是坊間八卦的上選原材料。正因為這樣，娛樂新聞媒體會自覺或不自覺地從旁協助搞大台慶。台慶本身有沒有瞄頭並非考慮的重點，重要的是如何借勢製造話題，那才是共生共榮的辦法。

這連繫到一個更根本的問題：如果電視台早已大量流失觀眾，則就算能夠搞起一個話題，亦無法在社會上引起迴響。換言之，其實今天電視台仍有觀眾——數目當然值得大家留意，但更有趣的是關於它的組合。現在，電視台要煩惱的問題是，它的觀眾群走向老化。這個問題也具體地表現在電視畫面之上：當「甘草」陸續可以擔大旗，這當然反映出他們的演技與能力（因為現在他們的貢獻不限於電視劇，不時亦要擔任司儀、節目主持），但同時也有力地顯示，究竟主流觀眾屬於哪個年齡組別。

對這批「戰後嬰兒潮」電視觀眾而言，他們見證了無綫電視如何走上一台獨大之路；台慶如何從《歡樂今宵》的一個晚上演變為八十年代的重頭巨製的大騷，可以說是他們的集體經歷的重要一環。他們看過所謂的當年經典台慶項目，不會嫌無綫電視每年自我慶祝，只覺一蟹不如一蟹。在他們眼中，台慶這個概念早已根深柢固，而他們亦樂於看看今年星海浮沉，誰做當家花旦，哪位演員能爬上擔任壓台小生的台階。我想說的是，台慶作為深入民間的概念，並非沒有現實基礎。它是「大眾電視」時代遺留下來的一種普及文化類型，到了今天依然有大量由那個時代至今一直看電視的觀眾支持。

大搞台慶的做法，起碼可以多維持三五年。

何必太認真

26.12 2012

媒介是很奇怪的東西，在一般情況之下，都會犯上「有口話人，冇口話自己」的毛病。

舉例：印刷媒介對無綫電視《萬千星輝頒獎典禮》的態度。在我看來，大部分人對這個節目，錯在過分認真；因為認真，所以打從開始便注定輸了。

在某個意義上，這個現場直播節目的性質，更像一個大機構的員工周年晚會，對內搞些激勵僱員士氣的獎品、獎項，大家高高興興，給伙計打打氣之類。從這個角度來看，由誰來捧視帝、視后的獎座，其實外人都不值得大驚小怪，更沒有必要諸多計較（因為一切均以配合公司來年大計為主要考慮）。事實上，無綫大大受惠於外人的這份認真——因為態度認真，忍不住質疑無綫究竟有沒有造馬，於是一個本來只是員工周年晚會的節目，竟成為了每年本地報刊的「娛樂版頭條」，大收（免費）宣傳之效。説得更直接一點，外界反應愈為強烈，愈有助於將節目打造為電視業界的一項大獎，把它的地位大大提高。的確，如果不是大家認真討論，將每年的結果當作一個具爭議性的議題來處理，《萬千星輝頒獎典禮》不會有今天的地位。

當《萬千星輝頒獎典禮》愈玩愈大之時，印刷媒介有意挑戰它的權威性。適逢今年無綫引入觀眾投票的機制，印刷媒介於是也舉辦民主投票，這既可繼續質疑無綫頒獎結果的代表性，又可製造由不同的藝人贏得大獎的可能性（於是無綫頒獎便不再一定視為合理的結果）。在這樣的情況下，不同的媒介均自稱其選舉透明、公正，其結果更能反映一般觀眾的喜惡云云。

但究竟哪一個公眾投票更為透明、公正、有代表性，誰都沒有好好交代。我們都明白，投票票數多寡與代表性無關。我們要了解它們有沒有代表性，必須知道投票的市民的性別、年齡、教育程度、職業等社會背景資料，否則根本就不知道有份投票的是何許人，無從判斷哪一個投票選舉更能反映一般市民的口味。從這個角度來看，無綫所收集的觀眾投票有別於某份報刊的結果，或者只反映出無綫那批固定觀眾就是喜歡那些電視明星、那類電視劇集或節目，不同媒介各自有不同的服務對象，難言一致公認的結果。嘗試以自行收集的投票結果來批評無綫的印刷媒體，似乎忘記了一點——應用在無綫身上的批評，其實亦一樣可以放到它所舉辦的投票之上。旁觀它們之間的爭拗，頗有一種五十步笑一百步的感覺。

我之所以這樣説，並非想為無綫護航。自問我過去有關無綫的言論，負面居多，根本沒有必要為它説好話。我想指出的是，大家根本就沒有需要如此嚴肅對待甚麼電視大獎。一個沒有競爭元素的電視圈，其實沒有甚麼好選。至於作為一個員工周年晚會的《萬千星輝頒獎典禮》，他們想怎樣選就怎樣選罷。

太多韓瑪莉

23.01
2013

最近，連看TVB電視劇也開始看得糊塗了——基本上，我將八點半的劇集跟九點半的那一齣混淆了，但又竟然可以繼續看下去。而有趣的是，將兩套劇的劇情、人物搞亂之後，完全無礙我繼續觀看節目；與此同時，在發生了這樣的錯誤之後，也不會令我對緊追劇情發展產生任何困難。我相信，這是無綫劇集最「偉大」的地方——觀眾本人懂得按照電視台製作劇集和編劇的模式，自行解讀劇集的內容。看TVB電視劇是一種習慣，觀眾每晚埋位從中找尋（自己喜歡的）娛樂。這是一個自我娛樂的過程，劇集的製作本身（由故事結構、劇本、細節到那些恐怕也是熟口熟面的主角），可能並不是最重要的因素。

我之所以看得糊塗了，是因為近期TVB電視劇實在「太多韓瑪莉」，每晚觀看兩小時電視劇，會連續看到她在不同的劇集裏演不一樣（但性質又很接近）的角色（例如都是跟親生兒子失散多年的母親）。必須說明，我提出這個問題並非表示不喜歡韓瑪莉這位演員。事實上，她多年來（由跟何守信合作擔任《K-100》的主持人開始）默默工作，演活各種不同類型的角色，可謂貢獻良多，是支持無綫電視劇一路發展的重要基本班底。對很多長期收看TVB電視劇的忠實觀眾而言，這批演員的重要性，絕對比得上那些當紅的藝員，甚至有過之而無不及。這類「綠葉」演員有時以很低調的方式，幫助一套不怎麼樣的劇集起死回生，將觀眾拉回電視機的前面。

不過，我也必須指出，TVB電視劇實在太過重複、太容易可以預測劇情、太缺乏創意了，以致不單只佈局、情節會反覆在不同的劇集出現（母子或父子相認、團聚，又或者鬥氣冤家之類），而且還要安排同一位演員去多番演出相似的角色，叫觀眾看得不知是應該憤怒，還是覺得可笑。

有時候，作為觀眾的我們也會想想：如果世上沒有私生子（又或者劇中人對避孕這回事有更嚴肅的態度）的話，TVB電視劇還能演下去嗎？它們的劇情還可以峰迴路轉嗎？

當然，我亦清楚知道，到了今時今日依然會在星期一至五晚觀看翡翠台兩線電視劇的觀眾，早已不再是大多數——一個只有少數人感興趣的問題，還值得我們關心嗎？電視劇的劇情就算如何犯駁，它們的演員安排如何重複，基本上也不再會成為市民翌日返工返學時聊天的主要話題。電視作為城中話題，是屬於過去的事情，而且一去不返。它已失去可以成為話題的能力，再沒有辦法吸引大批觀眾（以致非觀眾也需要對電視話題有一定的了解），也不再是大家焦點之所在。只有我這類死性不改的電視迷，才會向朋友提出「太多韓瑪莉」這個題目。而他們的反應也是相當正常的：有病！有病就要去睇醫生，而不是睇電視。

勞工短缺

24.04
2013

感謝王維基：如果不是他要申請甚麼電視牌照，從本地電視台挖角拍電視劇，我從來都不知道目前香港的電視製作行業，原來存在嚴重人手不足、勞工短缺的情況。

今時今日，從晚上八時扭開電視機（由於亞視只剩下「歲月留聲」台可以一看，我們基本上又回到一種不用選台的電視觀眾處境，感覺不爽），觀看兩三個小時的節目，我們將會不斷重複看到同一批演員在演出。而我們談論的、會反覆地在鏡頭前出現的演員，不是指韓瑪莉、呂珊，或者羅樂林、許紹雄，而是朱璇、蕭正楠，又或者梁烈唯。曾經以為無綫電視的藝員名冊應該是厚厚的一本，要翻到最後一頁有可能要用上一天半天的時間；但以近半年的情況來看，那肯定只是江湖上的誤傳。現在，每晚觀看在黃金時段播出的電視劇，充分感受得到那種——至少在電視製作行業而言——全民就業的氣氛。觀各電視劇的演員名單，我們有理由相信，大部分人都在「爆騷」。

究竟這是好事？還是壞事？這要視乎個人的立場與利益。作為電視藝員，現在可能是爭取出頭的黃金機會；當機會之窗閉上的時候，便很難再有如此密集出鏡的可能。從曝光的角度（至少在量的意義上）來看，這是十分難得的機會。如果你相信無綫有塑造觀眾口味的能力的話，那麼頻頻出鏡應該會對新進藝員有一定的好處——觀眾很可能會因為多接觸而慢慢受落。

但一個有趣的問題是：究竟本地電視觀眾是基於甚麼考慮而接受一位藝員的呢？回顧過去很多成功例子，他們多是在某套電視劇裏，因演出一個能討觀眾歡心的角色，然後有所突破（以觀眾受落程度而論，而不是他個人的演技）。這個過程是由劇中角色帶動的，就算該藝員的演出不一定特別出色，亦有可能在觀眾群之中引起迴響。舉例：那些表面上吊兒郎當、漫不經心的男主角，其實心地善良、樂於助人、用情專一，都是容易討好觀眾的角色。當然，這類男主角在無綫的電視劇中，一年會出現十次八次，有的成功、有的失敗，誰也不敢說有百分百的肯定。不過，話雖如此，假如監製、編導願意為某藝員度身訂造這類角色，基本上已向前踏出了重要的一步；剩下來的，要看那位藝員有沒有觀眾緣。這聽起來好像有點神秘主義，但現實上又確有這樣的東西。所以，只是提高曝光率不足以捧紅一位藝員。而那位藝員很努力地演出不同類型的角色，也不等於可以增加突圍而出的機會（這可能就是蕭正楠目前所要面對的難題）。

至於作為觀眾的我，只能希望一眾新進藝員的廣府話可以有所改進，幫助我聽懂那些對白的內容。在黃金時段觀看香港電視劇而需要留心看字幕，頗為不爽也。

電視觀眾的文化惰性

14.12
2011

何謂慣性收視？就是習慣選擇某一個電視台並收看它的節目，久而久之習以為常，慢慢對其他電視台失去了好奇心，就算它們有高度可看性的節目，亦無法令觀眾轉台。如此慣性收視令不同的電視台之間失去一種競爭環境，助長一台獨大的狀況。

但慣性收視或者也可以有另一種解釋，它針對的並非收視率的高低或觀眾轉台的習慣，而是觀眾觀看電視節目的習性。從這個角度來看，慣性收視所指的是觀眾長期習慣以某種方式來理解故事、劇情、人物、角色，逐漸形成一種文化惰性，抗拒創新。稱這種習性為慣性收視，當然多少有點開玩笑性質；可是，若論其反覆以舊有的方式來看待事物的形態，則它亦可以理解為收看電視的習慣。

近期坊間有關本地電視文化的討論，焦點正在於這一種習性之上。主流觀眾對電視劇《萬凰之王》與《天與地》的反應，基本上反映了問題所在。必須說明，我的興趣不在於討論或研究究竟哪齣電視劇較為好看；這個好看與不好看的問題，最好還是交由觀眾自己來決定。我的興趣也不在於為何《天與地》的收視統計連續下跌；觀眾怎樣選擇，自有他們的道理。我最感興趣的問題是：不少觀眾表示他們無法理解《天與地》的劇情及人物性格，難以投入其中。就算在本地報刊有個別評論人對該劇有不錯的評價，亦無補於事；明顯地，評論人的意見無法有效地為劇集扭轉劣勢，令觀眾回心轉意，給該劇多一點耐性，繼續在電視機前收看節目。

《天與地》的一大問題，是它並非觀眾熟悉的劇種；但更大的問題是主流觀眾對此有強烈反應。他們不單只會失去耐性，而且更會覺得自己無法跟得上劇情的發展，難以明白劇中各個角色之間的關係。他們的自我解釋是「睇唔明」。可是，這究竟是編劇、監製功力有限，未能將故事講清楚，還是觀眾自己不想認真細看，不想更主動地去了解劇情有何曲折之處、如何發展下去。當他們覺得自己「睇唔明」之後，主流觀眾逐漸離去，而收視率亦隨之而下降。

這是頗為諷刺的情況：主流電視劇的成功，為它養成一批阻礙創新的觀眾。長期反覆按成功方程式去製作劇集，令觀眾在遇上非主流劇種時不知所措。他們沒法從劇情引子、人物身上找到理解情節的線索，不知如何繼續追劇。而《天與地》的遭遇其實也並非電視台的首次，過去偶有偏離主流的劇種，經常都會引來相似的反應。於是電視台又回到它最熟悉的模式，將角色、演員再次套入那老掉牙的框框裏。對製作隊伍而言，這並非他們希望見到的情況；但形勢如此，他們也沒有太多選擇，惟有再次重複過去最有把握的方程式。

大眾電視情意結

24.11 2010

作為一個「超級電視迷」，至今我仍然每天收看（新聞報道以外）本地電視台的節目。但隨着日子的過去，近年已很少留意那些有現場觀眾的遊戲或表演節目。某個星期日晚上，扭開電視，看了一段《金曲擂台》，赫然發現原來還有不少人會到電視台當現場觀眾，實在有點意外。

曾幾何時，填寫報名表格，爭取機會到電視台親睹節目製作過程或找明星簽名，乃是普羅大眾當中普遍分享的共同經驗。我若然沒有記錯的話，當年等候乘專車往電視台的集合地點，是尖沙咀漢口道靠近青年會的一個角落。對當時（上世紀六七十年代）的一般市民而言，到電視台現場觀看節目製作，是一件盛事。首先，要準備前往尖沙咀。求學時期家住北角，前往尖沙咀要先乘電車到中環，再搭天星小輪過海。由於有一段路程，會乘機到海運大廈、星光行逛逛，置身花花世界，十分興奮。到了集合時間，眾人上車出發前往廣播道。到了電視台大樓之後，通常需要在大堂等候。而電視台也算招呼周到，給每位現場觀眾派發一張汽水換領券，即是每人均有贈飲飲品一支，人人歡天喜地。

當年很多安排了現場觀眾的節目，其實都是錄影製作，一次錄製兩輯。至於長壽節目《歡樂今宵》，其實是少數現場直播的製作。但無論是錄影還是現場直播，觀眾進入錄影廠後，都是先行找到自己的座位，然後聽工作人員的介紹。他的介紹是基本程序的一部分，其中一點是提醒現場觀眾留意閃燈，並配合做動作（例如鼓掌）。這些提點的確有其需要，事關當年錄影廠內的攝錄機相當巨大，它們位於藝員與觀眾之間，阻擋了後者的視線。坦白說，如果沒有寫上「請鼓掌」的燈牌提示，有時現場觀眾並不太清楚藝員講了甚麼對白或做了些甚麼動作，不知如何反應。所以，到現場觀看製作過程，並非觀賞節目的最佳選擇。不過，話雖如此，仍有不少電視觀眾渴望有機會到錄影廠現場參觀，滿足他們的好奇。

當然，也有不少觀眾之所以如此有興趣到現場參觀，主要是受到有獎遊戲節目的吸引，希望得到幸運之神的眷顧，中其大獎。而當年不少節目亦喜歡現場派發獎品（例如洗頭水），人人有份，永不落空。今天或者很多人會認為做電視節目的現場觀眾費時失事，時間成本太高，可是當年大量觀眾卻樂此不疲，經常從電視周刊剪下報名表格，希望獲抽中，可到電視台看看一些受人歡迎的明星，或爭取機會參與有獎遊戲。

在「大眾電視」的巔峰時期，觀眾爭相報名，求的就是成為現場觀眾的機會。在《歡樂今宵》擁有高收視的日子裏，節目散場時會見到現場觀眾神情興奮；當年星期一至五晚見到的場面，今天難得一見。昔日當上電視節目的現場觀眾是一件盛事，今時今日熱情早已冷卻下來，甚至對電視節目，也開始覺得可有可無。本地電視的吸引力，亦早已隨風消逝了。

「扮嘢」

10.08 2011

觀看電視熒光幕上「福祿壽」的表演，雖未覺他們可以取代盧海鵬、鄭少秋、羅浩佳、廖偉雄等人，但總算是將本地電視文化中的「扮嘢」傳統繼續下去。

必須說明，以上文字並無貶義；事實上，剛好相反，我的意思是讚賞他們演出投入、落力，生動、鬼馬。從我個人（一個自少頗喜歡觀看《歡樂今宵》的觀眾）的角度來看，「扮嘢」乃本地演藝界專業文化的其中一種——盡力演出，把本來並不一定喜歡的角色亦一樣做到最好，並為觀眾所接受。坦白說，當年觀看各位電視藝員在《歡樂今宵》節目裏演趣劇，扮鬼扮馬，會覺得他們有點委屈。當時曾經這樣想：盧海鵬、鄭少秋，以至吳孟達、梁天、羅蘭等怎可能不懂得認認真真地演戲，為何要在熒光幕前只求搏得觀眾一笑呢？

在上世紀七十年代初期，當時是粵語片最低潮的時期，演員紛紛轉到電視台找演出機會；鄭君綿、鄭少秋、杜平、羅蘭等就是當時那批轉型的藝人。有些成功轉型，例如鄭君綿便成為了當年最受歡迎的電視藝員（後來才由何守信取代他的地位），風頭高於電影時期的「貓王」、「飛哥」。有些並不順利，要經過好幾年之後，才有出頭的機會（鄭少秋可視為這一類的例子）。當然，也有不少是星海浮沉，逐漸淡出。但無論個人際遇是好是壞，當時影視圈子裏不少演藝人臉上都有着一種環境迫人、身不由己的表情；有機會演趣劇或者已算不錯，有的頗有名氣的演員亦要犧牲色相（男的露屁股，女的演內衣戲），餐搵餐食。當時搵食艱難，大多數演藝人似乎都沒有選擇角色的可能，但無論指派到哪個角色，他們總會做足全套。當時觀看電視藝員演趣劇，會覺得有點荔園、啟德遊樂場的劇場表演的感覺——很俗氣，但又總會逗得觀眾哈哈笑。很多年之後，曾到紅磡某餐廳觀看已走下坡的鄭君綿現場表現（唱歌、講笑話），他那種表演的方式十年不變，有點街頭的味道。

後來本地電視發展迅速，而且極受觀眾歡迎，那些演藝人不單只重新找回觀眾，有的甚至吐氣揚眉，把那些熒光幕的角色帶到銀幕之上，成為能有一定票房的電影符號（「大鄉里」電影系列可能是在經濟效益方面最為成功的例子）。到了七十年代中、後期，電視成為了大眾娛樂的主流，而粵語電影（後來叫港產片）全面復蘇（甚至是有更進幾步的發展），港式電視的諧趣表演也隨之而得到認可。以前「扮嘢」只是一個小項目，慢慢成為了大型節目的環節，甚至是專題表演。

本地電視文化中的「扮嘢」表演，是演藝人於逆境中掙扎求存所發展出來的一種表演形式，笑中有淚。它的背後其實有種苦的、酸的味道，並不純粹就是得啖笑或過癮而已。時下「扮嘢」是否還有這種味道（又或者是否需要保持這種味道），最好由觀眾自行判斷。

善長仁翁請別太辛苦

01.06
2011

坦白說，我絕不介意那些慷慨解囊的善長仁翁只集中於捐款，放棄在電視鏡頭面前唱歌、跳舞或做其他表演。只要他們繼續捐錢（的確，這是他們的強項），支持一些慈善事業，大家便會衷心感激、十分欣賞。所謂「有錢出錢，有力出力」，其實有時只是一句口號，有時則只是客套說話，千萬不要太過認真對待。信以為真，還年年現場表演，實在沒有這種必要。以上是我這個在星期六晚上還會扭開電視機收看節目的超級電視迷的肺腑之言。

各位善長仁翁：為善最樂，付出是好，但這只講心意，沒有必要付出太多（例如身水身汗去跳那些既沒有甚麼新意，又不見得能反映個人跳舞造詣的舞蹈。你們真的太辛苦了）。有些東西不拿出來跟別人分享，也不一定是一件壞事。我們都是成年人，了解分享是好，但也有一個限度；太多無謂的分享，有時會令對方很難做。

我相信，我並不是唯一有此意見的電視觀眾。當晚一位女司儀看過善長的表演後，也衝口而出：（大意是説）輕鬆的舞蹈，以帶着嚴肅的表情來表演……這位演藝人很懂得説話的技巧，但我想我明白她的意思。而我亦相信，電視機前大部分觀眾都明白她有何所指。

當然，我會明白，一定會有讀者認為，這樣説實在太刻薄了。人家毫不吝嗇，不單只出錢，而且還賣力，為何還有微言？熱心公益，不是應該欣賞和支持嗎？況且，星期六晚上的電視廣播時間，根本就沒準備會有觀眾認真收看，節目的水準稍作調整，（就算有人發現）也不應是甚麼大問題罷。

我之所以提出意見，不是因為節目水準有問題（無論節目製作如何，總好過播映那些兩三年前已在戲院上畫，而電視台仍膽敢宣傳為特級猛片的電影），而是覺得那些以有閒階級形象示人的善長仁翁應該學懂低調。作為電視觀眾，實在很難明白為何要觀看那些由善長們擔當演出的節目——這是捐款的條件？還是可以籌得更多善款的方法？我作為一名普通觀眾，一直以為我們是可以籌集捐款，然後達到某一個數目之後，便可以要求電視監製勸退某位善長，毋須在電視鏡頭面前那麼緊張和辛苦（看到他們那麼緊張，我們其實也覺辛苦）。噢！上一句純屬開玩笑，但我們應該明白，假如那是一個私人籌款派對，自然任何安排都可以接受——關起門來，善長們彼此認識，玩得開心，又能做點社會公益，當然是好事一件。不過，現在我們講的是電視現場直播的所謂大騷，而且還要年年如是（而不是偶然一次），而個別善長愈來愈認真，每次都有備而來（準備得實在太認真了，甚至是認真得有點嚇人），那就真的有需要照顧一下廣大觀眾的感受呀！

久休復出

31.07
2013

很多人以為本地娛樂新聞記者跟紅頂白、尖酸刻薄，我認為這其實是一場誤會。

最近翻開一份本地報章，娛樂版重點介紹某位久休復出的女演員（坦白說，事隔多年，差點兒記不起本地影壇有過這位女星了）。歲月不留人，合指一算，該女星出道之年原來已是上世紀九十年代初，屬二十多年之前的事情了。現在她積極準備重出江湖，再次面對傳媒，爭取曝光。而事後在有關的記招報道，記者們表現得相當友善，形容她容光煥發，並且駐顏有術云云。就當日報道所見，基本上沒有甚麼負面的評語，友誼萬歲。

為何娛樂記者會如此客氣（厚此薄彼？），不得而知，同時也沒有必要在此多作無謂的猜測。或者，近年本地電視真的無甚瞄頭，如今有位略有名氣（雖然也很難說她真的有提起觀眾追劇興趣的能力）的女星復出撐場（就算挽救不了收視，也起碼能製造話題，令娛樂媒介熱鬧一下），好像不好意思立即就潑其冷水。

或者該女星有份參與演出的電視劇，乃由大哥級人馬擔任監製，大家不可不多給幾分面子。

又或者從娛樂新聞的發展周期的角度來看，現在還只不過是前期階段，新聞焦點在於女星久休復出這個題目之上，尚未到尖鋭批評的時期。待整套電視劇差不多完成，觀眾的期望初步形成（例如看過造型照片或劇情預告，嫌劇情老套或眾女星缺乏吸引力）之後，才是展開攻擊的適當時機。現時見到的客氣及平和的氣氛，可能只不過是暴風雨的前夕，好戲尚在後頭而已。這也就是說，目前所見，大有可能並非娛樂新聞記者手下留情，而是時機未到。到觀眾的意見及反應出現逆轉時，才真的是時候對娛樂新聞媒體的態度作最後判斷。

在此之前，娛樂新聞記者對那位女明星，算是十分仁慈。仁慈？何出此言？我將報章報道女明星復出的全版新聞給幾位中年「麻甩」傳閱，他們（包括我自己）的反應無不報以「嘩！」的一聲。看畢報章上那張女星全身照片之後，各人均搖頭嘆息歲月催人。自九七年從銀幕退下來後，轉眼就已經十六年。年紀大了，身體最坦白，很難可以完全遮掩衰老這個問題。一眾中年「麻甩」scan一下那張照片，焦點不在於面容，更不在於身材三圍，而是膝蓋——身體這個部分不由你修飾，它會很殘忍地將年齡增長這個事實完完全全、無遮無掩地展現出來。任何化妝品、美容工具均無法幫助修飾膝蓋這個部分。

出賣女明星真實年齡的，其實是她所穿的迷你裙。假如她有注意到這一點，適當及低調地收藏一下，以另一身打扮出現，或者是可以「過骨」的。但看過她的一雙膝蓋之後，甚麼容光煥發、駐顏有術，都變為仁慈的謊言。至於後事如何，且看該電視劇正式播出前後，自有分解。

「穿崩」

09.10
2013

本地電視台製作的劇集，時常出現「穿崩」的鏡頭。這成為了觀眾閒聊的話題、取笑的對象。久而久之，本地報刊亦不想浪費了那些材料，於是將網路上的討論轉化為文字報告，成為了娛樂版版面上的經常報道。而一經轉載、傳播，關注報道及參與討論的人有增無減，好不熱鬧。

「穿崩」可有多種。首先，是最低級的錯誤——「不連戲」。舉例：男主角穿上黑色大衣拖着全身晚禮服的女主角在街上狂奔，但鏡頭一轉，前者穿的是啡色外套，而女主角則穿上運動裝。當然，這是一個極其誇張（也因此而毫不真實）的例子，在一般情況之下，「穿崩」之處不會那麼明顯。不過就算是不顯眼，也說明了幕後工作人員未有做好基本功夫，以致出現錯漏。

另一種「穿崩」是道具、佈景、服裝出錯，以致觀眾一眼便看出這個或那個跟劇本中的時代背景不符。舉例：某種二〇〇〇年以後才推出的產品現身於一套以六十年代為背景的懷舊劇裏面。這類錯誤絕對是可以避免的；製作人員的大意或對有關的事物缺乏深度認識，乃犯錯的根本原因。

又有另一種「穿崩」是在鏡頭不起眼處（例如站在主角背後的一位臨記）出錯。舉例：在一套古裝劇裏出現穿上時裝的臨記，在背景用手機通話之類。

第四種「穿崩」是製作人員以為一些細節不會為觀眾所發現，於是隨隨便便、毫不講究地堆砌幾個外景畫面，交差了事。舉例：出埠拍攝外景，這一場戲在佛羅倫斯拍，下一場戲則以羅馬為背景，總之就是出外到意大利取景，劇中人如何由佛羅倫斯散步到羅馬，基本上一於少理。這一種「穿崩」的出現，源於粗疏。

當然，或者有人會反問：你用顯微鏡來看電視的嗎？外國電影製作人來香港取景，不是一樣也有「穿崩」（例如主角從中環某摩天大廈一躍而下，而下一個鏡頭卻是他身在香港仔艇家的舢舨之上）的情況嗎？為甚麼大家對此又沒有半句微言？大家要玩認真，為何不集中於劇情發展之上？

提出反問，並無不合理之處（製作人嘔心瀝血，演員全情投入，總不想看見觀眾對作品的回應，就是集中在「穿崩」的「細節」之上）。但問題是：當電視劇了無新意，演員不斷重複的時候，觀眾的注意力難免會分散到其他方面。今時今日，以找出「穿崩」鏡頭作為電視劇評論的一種方法日見盛行，多少說明了當前本地電視文化的處境。一年之中，偶有兩三套電視劇可以引起觀眾的興趣，大家會討論一下劇情、角色；但在其餘的時間，則似乎是更熱衷於這類「穿崩視評」，拿一些顯微鏡底下的細節來嘲笑一下。這未必真的是觀眾最感興趣的東西，但勝在於群眾之中能夠產生共鳴。如此這般，「穿崩視評」全面登上本地報刊的娛樂版。

勁（老）歌（舊）金曲

06.02
2013

劉鳳屏亮相《勁歌金曲》，是一件頗為不可思議的事情。這位連「七十後」也未必認識的歌星在一群「九十後」面前載歌載舞，而且還演唱一些「六十後」也多數聞所未聞的老歌，感覺上是十分超現實。但熒光幕上所見，就是這樣的畫面。我當然明白，劉鳳屏小姐（媒體流行尊稱她為劉鳳屏姐姐，但此乃舊日電視台藝員如沈殿霞、奚秀蘭等於現場節目中所作的稱呼，而非普羅觀眾常用的叫法）將會在二月初舉行演唱會，要做點宣傳推廣，完全可以理解。難以理解的是為何《勁歌金曲》幕後工作人員會認為該節目是適合的宣傳渠道？是他們對「九十後」觀眾蠻有信心，認為他們喜歡老歌，並且會支持那些老兩三代的歌星？還是《勁歌金曲》的主要觀眾群依然是「戰後嬰兒」一代，見到劉鳳屏會勾起他們很多美好回憶？

對於《勁歌金曲》的主要觀眾群，自問沒有太多認識；印象上這個節目的「黃金歲月」早已隨風消逝，不再是甚麼王牌節目，更早已不是甚麼熱門話題。今時今日，它的季選、年選的結果，縱使仍會叫部分歌迷不服氣，但基本上亦不會成為城中熱話。《勁歌金曲》的成績表不能在報刊的娛樂新聞版面上掀起是非、風雨，這基本上已說明了該節目到了今天尚有多少的影響力。從這個角度來看，將《勁歌金曲》改為老歌重溫的節目，可能較現在（作為一個在星期六晚飯時段播放的節目）這種半湯不水的做法更能保證收視——起碼一批「戰後嬰兒」世代的觀眾會有興趣重溫一下「勁（老）歌（舊）金曲」，而更重要的是這個年齡群的觀眾仍會扭開電視機，收看電視節目。

必須說明，我對於老歌舊曲並無任何貶義。事實上，剛好相反，我一直好奇，為何香港這個社會從來沒有做好認識本地普及文化歷史的工作。很多國家、城市的媒體都會將老劇、金曲編在節目表之上，一來這有一定的市場需要（「戰後嬰兒潮」是世界性現象，當前「銀髮族」有其消費力）；

二來製作成本不高；三來可達文化傳承之效，正所謂一舉數得也，何樂而不為。我想說的是，索性將《勁歌金曲》轉型為懷舊節目（按：這可能是《靚聲王》的起源），既可穩固它的觀眾基礎（星期六晚上會在家裏看電視的一群），又可做點文化教育，讓年輕一代有更多機會接觸本地普及文化的經典。

上面所提出的意見，並非為了懷舊而懷舊，而是我們的社會可以更開放的態度去看待自己的文化。當我們的文化博物館都經常以本地普及文化作為展覽的主題時，或者我們的傳媒也可以放下一些思想上的包袱，以嚴肅的態度、生動的手法，將普及文化中的珍品展示在年輕一代的受眾眼前，好讓他們能夠瞻前顧後，清楚了解本土文化的來龍去脈。

見好·就收

16.10
2013

我落筆寫這篇短文的時候，電視節目《星夢傳奇》應該過了它的高潮。經營多時的一個造星過程和所謂電視的傳奇故事，終於到了關鍵時刻。這樣的一個節目，總不可以一直拖拖拉拉地發展下去，沒完沒了。

坐在電視機前看着《星夢傳奇》的整個部署，你得佩服無綫電視那份叫旁觀者不易理解的自信。到了今時今日，它的管理人員、製作團隊似乎仍然相信自己能夠控制觀眾的脈搏和生活節奏，令後者按着電視台節目時間表的安排，並緊隨其步伐，來過他們的消閒生活。坦白說，如果他們不是有着這樣的一份自信（自信可以製造明星，自信可以創造話題）的話，我們實在很難明白，為何《星夢傳奇》會以那樣的步伐和節拍來攝製。

我想說的是，在今天的生活世界裏，一個話題很難可以在三四個星期或更長的時間裏持續發熱。天大的事情也難以令香港人長期保持注意力，更何況那只不過是一個電視節目而已。觀眾不一定已經看透世情，對創造星夢完全不感興趣。事實上，剛好相反，不少觀眾對鄭俊弘的遭遇、故事是有所好奇的——由懷才不遇到絕地重生，這樣的情節依然可以叫人感動。問題是在一般的情況之下，這種感動不會維持太久。在節目中加插一些曲折的情節，亦一樣很難令觀眾抱着高度的集中力來觀看電視節目。現實是：觀眾的專注力其實十分有限。而在整個社會層面上，就更難長時間專注於一個話題——觀眾要求的是新鮮感，同一個話題或人物連續數星期內仍然可以作為一個話題，它必須要有十二分戲劇性的元素。對鄭俊弘的好奇可以維持超過一個月，應視為電視台的意外收穫；觀眾的興趣轉淡，是意料中事。

今天，要製造話題的話，必須把它包裝得很「爆」。只有這樣才可以突圍而出、引人注意。本來《星夢傳奇》的確有它的爆炸位，叫人留意到星海浮沉，真的不是百分百講實力，而是講求個人的運氣、際遇。一位新星的誕生，講求天時地利人和，缺一不可；機會到來，水到渠成。不過，這樣的故事亦要適可而止，切忌長長氣氣，兜來轉去仍繼續是電視台最後的候選人。當故事、劇情再沒有進一步發展的時候，就更加難以維持觀眾的注意。

所以，電視台嘗試在《星夢傳奇》的比賽制度與安排，突出一份不確定性（例如誰説鄭俊弘一定是最後的勝利者），注定是白費心機的。電視台應該做的，是「見好就收」。時間一經拖長了，重複地製造所謂的高潮或感人場面，其説服力只會逐步下降。本地電視製作人對此應有所認識，知道在觀眾逐步離棄之前，於適當時間自行作個了斷，才是上策。

今時今日，電視節目只有「見好就收」，再沒有欲罷不能這一回事。

抽獎救亡失效

07.08
2013

深夜觀看電視台直播抽獎環節（它本身並不能算是一個獨立的節目），場面頗為搞笑。主持人抽出所謂的幸運家庭觀眾的電話號碼之後，一面忙於撥號，一面面對鏡頭，提醒有關觀眾盡快拿起電話，立即回應，以免錯過中巨獎的機會。可是，某一個晚上，主持人連續撥過多個電話，均無功而回；當晚的大禮無法送出，一時之間，連主持人也不知如何是好，場面有點尷尬。

面對當時的情況，主持人多少有點手足無措。可以想像，他是完全沒有預想到會出現這樣的狀況的。曾幾何時，在電視台的黃金歲月裏，一定不會是主持人等待家庭觀眾接電話，而是無數參與抽獎的家庭觀眾，充滿期待地在家裏等待那個極其難得的機會。只要電話鈴聲響起，他們一定立即執起聽筒，並且由家庭觀眾方面傳出陣陣一家人（甚至包括鄰居）驚喜、興奮的笑聲。在那個時代，電視台的抽獎節目、環節，是萬眾期待的項目；甚麼「歡樂卡」也好，一般抽獎也好，總是叫社會大眾感到興奮。被抽中是幸運，而中巨獎就更是幸運中的幸運。幸運兒固然是興奮莫名，而周邊的親朋戚友亦會為他們高興。舊日那些抽獎節目中的獎品也不一定是甚麼超級禮物，但作為意外收穫，則仍叫人感到興奮，令很多觀眾都有所期待。以前，幸運被抽中而白白錯過機會，其他家庭觀眾會破口大罵，罵他不懂珍惜；今天，誰會認真留意這樣的事情？

當然，當年的家庭觀眾跟現在的都一樣，要爭取這個中獎的機會，需要有最基本的付出——以前是從電視周刊剪下報名表格，今天就簡單得多，但始終需要有一點投入。可是，在過去與現在之間，存在一個重大的分別，那就是今天的電視觀眾（他們不一定在家裏看電視，所以稱之為家庭觀眾，不一定恰當）不會再為了這個機會，而乖乖地準時坐在電視機（或其他接收器）面前，等待機會的來臨。是獎品未夠吸引？還是他們已失去了經常看電視的習慣？這有待進一步的研究與分析。可以肯定的是，今時不同往日，今天的觀眾很難再像以前的觀眾一般，視看電視為日常生活中的主要娛樂，並將注意力高度集中於電視之上。

從這個角度來看，我們不難明白為何近期電視台需要拋出送大禮的招數。如前面所言，電視台送大禮絕不是甚麼新鮮事，它希望扭轉近期收視不振的狀況，於是想到最傳統的招式，希望藉此重新將觀眾拉回電視機面前。作為一種手段，送大禮背後的計算明顯不過。問題是：現在連參加了抽獎的觀眾也提不起興趣（在電視機面前）「堅守陣地」，留意幸運之神會否眷顧，好好把握自己中獎的機會。那麼這一招仍管用嗎？當主持人找不到家庭觀眾即時作出回應時，是否已經宣佈電視台與觀眾的關係發生了根本的變化？

第六輯

一個城市不能沒有話題。。。。。

城市人的特點之一，是平時要跟一些不太認識的人閒聊數句。有時候他們可能完全是陌生人，在社交場合上初次認識；有時候他們勉強可以稱之為熟人（例如同事），但彼此之間的熟悉程度可能極之有限。閒話幾句可令大家更易相處（雖然那可能維持幾十分鐘的時間），重點是不要因一時失言而造成尷尬場面。所以，城市人常要找話題，而在大城市的話題也就特別多——沒有指定範圍，重要的是無傷大雅，大家毋須進入對方的價值、道德系統，亦沒有打算進行辯論，只要將話講完便可以了。

世界盃吹牛術

09.06 2010

對很多球迷來説，足球重於生與死。四年一度的世界盃，是當今足球壇的「武林大會」，是最高境界球技的表演場地。每逢世界盃開鑼，其他大小事情，統統讓路。而在進行世界盃賽事期間，足球高於一切。

但在這批「死硬球迷」以外的人口裏，多數人只是每四年湊一次熱鬧（不知何解，歐洲國家盃至今未能引起相同程度的關注），因社交的需要而參與討論；基於環境需要，他們有時甚至要公開表達一下（雖然也只是四年才一次）對足球有着一份熱情，但在比賽結束之後，一切都會隨風飄逝。對這些「非球迷類型的足球節目觀眾」而言，在世界盃期間，他們最需要知道的是每天的足球話題，以及（在沒有觀看比賽的情況下）球隊和球員的表現，以便於日常社交場合中可以搭得上嘴。

說來奇怪，雖然大家都明白，其實球迷並非大多數，而世界盃很大程度上也只不過是一項為期一個月的巨型湊熱鬧的群眾活動，整個社會卻很少會拿這些「非球迷類型的足球節目觀眾」來開玩笑——例如教他們如何在不知足球為何物的情況下假扮略懂一二，參與社交討論。更直接地說，本地出版社似乎從來沒有想過，在世界盃正式揭幕之前，出版小書教人如何在別人面前高談闊論世界盃大勢，參與討論，而不會被人發現不懂足球的底子。究竟這是因為本地中文出版市場缺乏規模效應，沒有賺錢的空間，還是認為香港讀者欠缺幽默感，所以才放棄這類出版計劃的念頭，不得而知。但可以肯定一點，就是社會上的確擁有一大批四年才會發燒一次的熱情「球迷」，而他們很需要一本世界盃吹牛手冊，以應付在整整一個月裏面不斷出現的足球社交話題。

當然，其實要在世界盃的話題上搭得上嘴，並不需要甚麼真知灼見，而是需要知道如何以守為攻、避免出錯。首先，搞清楚最基本的資料。舉例：不要說今屆法國全靠亨利爭取入球，又或者法國國家隊全靠有一位精明的領隊，才有今天的成績。到世界盃開鑼之後，每天出門上班之前，查看最新戰果，以免搞錯。第二，避開一些技術性的題目，例如不要跟人爭論究竟那是否越位球，以免暴露不懂球例的弱點。第三，提出一些放諸四海皆準的分析（例如現代足球對球員體力的要求愈來愈高，中場成功搶截可以減輕後防所受壓力之類）。最後，模仿著名評述員的一些似是而非的預測（例如能先入球的一隊將會有領先的優勢），要表現出對自己的理解與分析充滿自信。只要參與吹牛的人不會因為一時興起得意忘形的話，大致上應該可以應付過去，至少不會太快露出馬腳，給人看穿底牌。

至於身為球迷的讀者，學懂一點世界盃吹牛術也不無好處，起碼有助準確評估自己老闆、朋友是否吹牛一族。無意之中拆穿人家的西洋鏡，造成尷尬場面，破壞關係，那是誰都不想見到的狀況。說到底，四年一度的世界盃，應該大家開開心心。

做一個忠誠的球迷

29.05
2013

坦白說，故事本身沒有甚麼新意可言。英格蘭足總盃之所以在老一輩球迷心中佔有重要的地位，皆因弱隊往往可以創造奇跡，憑着鬥志與勇氣，令勁旅亦要敗在它們腳下。這是淘汰賽的魅力，也是英格蘭足球文化——講求拼勁，認為意志可以克服困難，人定勝天——吸引力之所在。在英格蘭足總盃的歷史裏（尤其是英格蘭足球尚未轉為超級聯賽，還沒有出現今天那種強弱懸殊的狀態之前），「爆冷」從來不是不可能的事情，而今屆的神話發生在球會成立以來首次打入決賽的韋根身上，雖不是之前很多球迷能預測的結果（畢竟曼城球星如雲，有一定實力），但也不會令人完全感到意外。所謂皮球是圓的，在球場上發生「爆冷」——出現令人意外的賽果，未到最後一刻還未知道鹿死誰手，是足球引人入勝之處。

有機會於溫布萊現場觀看韋根對曼城的英格蘭足總盃決賽，是最近一次足球旅遊假期的意外收穫。當初我只計劃到阿姆斯特丹觀看歐霸盃的決賽（網上預先訂購門票，極其方便），同時亦有想過趁着英超已經接近尾聲，大有機會通過公開發售的渠道，以正常票價買到波飛，到倫敦觀看一場聯賽（結果是看了昆士栢流浪對紐卡素，而放棄了阿仙奴對韋根）；但足總盃決賽，則想也沒有想過，可以在啟程前找到（同樣是正常票價的）入場券，可以在溫布萊見證韋根成功奪得獎盃。

從某個角度來看，這是當代足球產業風光背後的殘酷現實。在很多球迷——尤其是海外球迷——眼中，他們通常只注意到班霸如曼聯、曼城、車路士、阿仙奴、利物浦等經常有大量球迷追隨左右的場面，或迫爆球場的盛況，而較少考慮中下游分子掙扎求存的苦況。我之所以能夠通過朋友成功購買波飛，是因為韋根球迷消化不了足總所分配的溫布萊決賽門券。在發售門券的過程中，逐步開放給非季票及非會員球迷訂購，這樣我才可以冷手執個熱煎堆，買到決賽的入場券。

是球迷熱情減退嗎？我看，並不是這樣。是因為韋根陷於降班漩渦（幾日後，敗於阿仙奴腳下，篤定降班），以致球迷對決賽不感樂觀嗎？我看，也不是。對傳統小城鎮的傳統球迷（當中不少是以家庭為單位）來說，經過一整季的聯賽後，還要到倫敦觀戰，在財政上並不是容易負擔的開支。就算感情更濃，有時也要面對經濟現實，要很認真地預算之下，才能作出出征溫布萊的決定。

誰不想為自己（甚至家族）多年來一直「死硬」支持的球隊打氣？誰不想見證心愛的球會在決賽中取得榮譽？但主觀的希望還得有客觀的經濟、物質基礎的支持，才能夠夢想成真。今時今日，在傳統小城鎮裏做一個忠實球迷，不見得是一件容易的事情。

球場上的冬裝

26.01
2011

最初是戴上手套，近期更是套上了頸巾，看起來有點搞笑。

噢！我所講的是足球場上的職業足球員。在最近一兩個球季裏，球員（例如曼城的迪維斯、施華）套上頸巾在球場上比賽的情況，愈來愈常見。看見他們穿上了長袖波衫（底下又有緊身衣），雙手戴上手套，再加上一條頸巾，完全可以感受到英超球員在英格蘭寒冷天氣下比賽之苦。再者，球員不做好保暖，容易受傷。球員穿上「冬裝」，似乎不難理解（近日香港天寒地凍，自己坐在電視面前睇波，亦覺得很冷，不易捱足全場，更何況要在戶外活動九十分鐘）。

且慢！球員出場比賽之前，不是早已做好熱身的嗎？他們又不是後備球員，坐在場邊等待上陣，為何需要特別保暖？在球場上比賽，進行劇烈運動，會覺得冰冷嗎（又或者問：會有時間或機會去想這個問題嗎）？

我之所以這樣説，並非不近人情。事實上，有關球員在球場上戴手套、披頸巾的一身「冬裝」，在英格蘭球圈之中，也是一個話題。在英國，不少球壇名宿（例如前蘇格蘭國腳及利物浦名將阿倫．漢臣）對此就很有意見。他們提出的問題也很簡單：我們平日踢波的時候，有試過感到頸部很冷嗎？有擔心過頸部受冷嗎？以前的球員不就只是球衣一件，便可以應付又冷又濕的英倫天氣嗎？

當然，我們必須明白，出自這些球壇名宿的批評有其「潛台詞」——來自南美國家及歐洲大陸的球員總是花巧多多（包括在球場上經常「插水」，博取罰球）、表情十足、「整色整水」，多於全心全意去踢一場好波。換言之，在取笑非英籍球員在球場上的一身裝扮之時，他們同時在比較兩套不同的球員文化，並暗中凸顯英國球員不會搞這些形象上的小動作，只會要求自己踢好足球。

在這套「潛台詞」底下，其實又存在更深一層的信息——一種十分「麻甩」的觀點。當這些名宿在嘲笑現役球員怕冷、踢波要戴手套和披頸巾的時候，他們也在暗示或明示這批弱不禁風的球員娘娘腔、缺乏足球員應有的硬朗。在他們眼中，當足球員就是不怕惡劣的環境，克服種種困難。在此我想指出的是，他們這段「潛台詞」建立在性別定型之上；用社會評論用詞，這是性別主義，背後似乎有此假設，認為足球員都應該有所謂的「男兒本色」。

我將兩套「潛台詞」全都放到檯面之上，是否認同這些說法，讀者大可自行判斷。

對我來說，當我看見球員披上頸巾上場踢波的時候，第一時間想到的問題是關於體育用品公司的贊助及推廣。我腦海即時出現的疑問是：這是否即將廣泛於市面上推出的新產品？由哪幾位球星來當代言人？這些新產品如何定價？消費者又有何反應？

放料

06.04
2011

今時今日，要在娛樂圈打出個名堂，殊不容易。而要成為一位較多人認識的演藝人——就算只能取得有限的知名度——就更不簡單。每天翻開報刊的娛樂新聞，也真的為那些很努力的娛樂圈中人感到辛苦。這樣的人生，如此的職業生涯，應該不會引人嫉妒。

那些演藝人在鏡頭面前搔首弄姿，爭取曝光，這當然不可少。但假如只是打算賣弄一下性感，以此作為個人的傳媒策略，基本上已經很難可以爭取「出位」，引人注意。將身體展示於人前這一招的問題，不在於搞得太濫（當然，對群眾來說，只要不是另外收費，有人願意「賣肉」，可謂多多益善），而是可替換性太高，難以脫穎而出。由於供應充足，甚至源源不絕，而且賣弄的是所謂的天賦本錢，要區分出來實在並不容易。在不斷機械重複的情況下，如此招數的回報只會愈跌愈低；要與眾不同，肯定要搞點新意。

但新意不易搞。今天，一般演藝人傳出緋聞已沒有太大意思，原因是廣大群眾見怪不怪，沒有甚麼再可以令他們覺得出乎意料或具備新意。在這樣的情況之下，要製造一點震撼力，必須多做一點加工、增值的程序，又或者起碼要有一點包裝。一種方法是製造一個叫人出乎意料、能令人大吃一驚的緋聞配搭。這種安排的難度在於人選（而不是當事人之間是否真的發展關係），屬於可遇而不可求，不是隨意想到要去製造，就可以炮製出來；另一種方法則是做好部署：有系統地、有秩序地將信息發佈，充分利用娛樂新聞傳媒作為個人的平台，為自己鋪橋搭路。應用這種方法的時候，人選不一定是關鍵所在，但一定要做好整個程序，把情節弄得引人入勝。同樣重要的是故事和橋段的編排，逐層將秘密揭開，謎底要藏於故事後半段，令群眾有興趣一直八卦下去。當然，若然能夠圖文並茂（時下讀者、觀眾都會要求視覺上的滿足），就更事半功倍。

於是，有演藝人自編自導自演，運用「放料」的手段來爆出一段可以為自己宣傳的緋聞，只是或遲或早、必定會發生的事情。效果是正面還是反面，日後自有分曉。可以肯定的是，那位演藝人確實以一種相當簡單的方法，炮製出一宗娛樂大新聞。而她又看準娛樂八卦新聞媒體的弱點，知道如何可以將事情放大——圖文並茂、色香味全，哪份刊物或哪個電子媒體會放過如此「有趣」的材料？雖然明知這是主動「放料」，是一件經過策劃的新聞，也一樣以相當大的篇幅連日報道。如此這般，她將個人的私事上載到個人的媒體，就可以通過其他媒介把信息廣泛傳播開去。

明顯地，這是互相利用，各取所需。作為普通讀者、觀眾，只覺得一切都十分直接、表面，毫不含蓄。難道這就是這個時代的特徵？

我們也很討厭

25.04
2012

近期街頭巷尾人人上口的話題只有一個，大家的注意力都集中在電視節目《盛女愛作戰》及當中各個人物（包括那些導師、教練）之上。作為社會話題，薄熙來事件關乎國家大事，而且影響重大，理應受到重視；但（以市民大眾談論的投入程度來衡量）現實是：跟Suki、Florence、Bonnie、Gobby、Mandy五人尋找伴侶而引起的關注比較，則它的吸引力遠遠比不上後者這個坊間熱門話題。

對於該電視節目及當中各個人物本身，我並不感興趣（這倒不是因為我這個人不八卦，而是沒有耐性看完整個節目）。我感興趣的，反而是坊間大眾如何參與品評，並且發表意見。憑我那全無科學根據，同時亦無統計意義上所謂的代表性的資料搜集（即是近期在各大酒樓食肆、快餐店、購物商場、超級市場等公眾場所進行「偷聽」），發現一般民眾的話題基本上離不開《盛女愛作戰》這個題目。大家討論的方法與焦點可能有異，但談話內容主要就在這個話題之上。

時下不少評論人大力批評電視台和節目製作人販賣「剩女」概念，以「真人騷」和「參與者作賤自己」作為手段，提高收視。他們的批評重點，針對節目內容本身。選取這個角度和提出批評的位置，沒有太大難度（基本上百分百政治正確）。相比之下，反而很少人會討論和分析坊間一般民眾如何投入品評那些人物及其言論、態度、行為。以我過去一周憑「偷聽」而掌握的民眾反應，有一初步觀察——大眾品評的模式，男女有別。男的或者可以用「衰」或「衰格」（例如有人會說「如此貨色，送上門也不會考慮」、「豬扒套餐食唔落」）來形容，不過女的也毫不遜色。事實上，以我那毫不科學的「調查」，女性的反應比男性更大，出言批評更狠、更毒。女性觀眾的批評「無微不至」（基本上是由手指到腳趾，每一寸、每一方面都不會放過），通常是很有系統地逐點、逐項細數不是。男性或者會很快地將人視為物件，取笑一番；但當女士參與品評時，則下手絕不留情，要狠狠地「插出血」。這種「見血」的評論模式或者沒有「衰」或「衰格」（通常也不會令人覺得「鹹濕」）的味道，但百分百「一刀見血」，而且不留餘地，其殺傷力一定不可以低估。經過一星期的「偷聽」，我的總結是：論何謂之尖酸刻薄，聽女性品評女性，我們男的自嘆不如（我想這應該是好事）。相比之下，男性太過簡單、直接了。

《盛女愛作戰》在坊間引起巨大迴響，最令人不安的地方，不是（如一些評論所言）香港「竟然可以出現這樣的電視節目」，而是從廣大群眾熱烈參與品評、討論的情況所見，「插人見血」、尖酸刻薄、不留餘地，原來是這個社會的集體共通性格之一。問題不是有人很討厭，而是我們自己其實也可以令人覺得很討厭。在這個意義上，《盛女愛作戰》（不是指那個節目，而是說事後坊間的群眾性反應）是一面鏡，映照出我們個性中的陰暗一面。

豪門八卦

16.05 2012

豪門恩怨是永遠受到廣大群眾歡迎的八卦話題。吸引力之一，在於它們的神秘感。對一般市民大眾而言，大富之家高門巨宅，根本不認識（同時亦不易想像）裏面是怎樣的一種生活。現在傳出豪門之內勾心鬥角（而且還鬥得你死我活），令人很想知道箇中究竟，窺探一下不為人知的秘密。

豪門恩怨的吸引力之二，在於情節甚有戲劇性，峰迴路轉，叫人覺得充滿意外。本來兄弟不和、父子反目、子女爭產等等都不是甚麼頭條新聞的材料（其實港聞版經常有父母子女或兄弟姊妹發生爭執的「突發」），可是當事情發生在大家都曾經聽聞（其實並不認識）的名門望族的身上時，大家便會將它聯想到電視劇劇情，好想了解故事將會如何發展下去。事實上，大概由於好幾個本地豪門的家庭發展階段都到了決定繼承人的關鍵時刻，家族情仇的傳聞不絕於耳。龐大利益擺在眼前，當事人也就老實不客氣，甚麼公眾形象全都擺放一旁，明刀明槍地瓜分財產。對大部分旁觀者而言，這是一齣好戲。

豪門恩怨的吸引力之三，是故事總是很有層次感，隨着事情的「真相」逐步揭露，牽涉其中的「黑手」、主謀亦呼之欲出之際，更好的戲還在後面。本以為只是利益所在，家族鬥爭都擺在檯面、不再遮遮掩掩的時候，原來事情比想像中的還要複雜，而鬥爭手段也就往往較諸電影、電視劇劇情更加出人意表。每挖深一層，就露出更精密的部署，緊張刺激兼而有之。

豪門恩怨的吸引力之四，是它們都是社會、傳媒話題，市民大眾於茶餘飯後可以評論一番。這種八卦材料是一種開放性的文本，人人都可以發表一下高見，各自表達自己的見解。在這類討論的過程之中，沒有絕對的對或錯，各人的意見都可得到平等待遇。在這樣的討論環境裏，大家暢所欲言，盡興而歸。

豪門恩怨的吸引力之五，是它們跟一般市民大眾的真實生活扯不上關係——正因為事不關己，大家八卦的時候，才會特別過癮。這也就是說，由於事情跟我們的日常生活、社交圈子沒有直接的聯繫，大家才可以輕輕鬆鬆地八八卦卦、指指點點。假如兄弟鬩牆、父子不和是發生在自己身邊的家庭、人物身上時，則因為太過貼身，竊竊私語還可以，要公開八卦則有點難度。不過，現在成為傳媒焦點的人物跟自己毫無關係，那便可以大講特講了。

直接地說，豪門恩怨是八卦材料、媒體注意的對象，皆因事情跟我們的日常生活存在明顯的距離。但與此同時，我們又可以憑着民間的道德規範去評論事件，議論誰是誰非。於是，誰引火焚身、誰大逆不道、誰出賣家人，全都是他人的事情。在保持一定的社會距離去八八卦卦，大可幸災樂禍，亦可盡情挖苦。

以上所講，不關乎是否正確的問題，而是豪門八卦新聞本身，有它的一套邏輯。

色字

11.05
2011

色情文化的核心問題，是關於興奮這個狀態。所謂賣弄色情，就是要想盡辦法，令受眾興奮。從這個角度來看，一件成功的（通常指的是市場反應）與另一件未算成功或甚至是失敗的色情物品之間的分別，主要在於它們能否令受眾產生興奮的感覺。試想一下，一件不能令人興奮的色情物品（無論是電影、雜誌、文章或者照片）會是怎樣的一回事？它有何賣點？會有怎樣的市場反應？

當然，很多評論人喜歡從自己的立場或欣賞角度出發，會大談色情與情色之別，講格調，區分高級、低級，論藝術與內涵。作為一種姿勢，這很容易理解。坦白說，誰會想在別人面前擺明車馬，表明就是色迷迷地去看色情物品？誰會願意放下個人形象，直接了當地說：在色情文化這個問題上，身體最誠實。所以，只要我們留意一下很多評論人的言論，應該不難發覺他們大多喜歡運用「欣賞」這兩字；「欣賞」給他們一個機會，跟擺在眼前的色情物品保持距離。具備這種距離之後，無論他們是彈是讚，均不反映個人喜好、口味。

不過，正因為存在這樣的距離，以致很多評論人難以投入其中，了解為何很多他們毫不欣賞的色情電影、雜誌、文章卻大有市場。缺乏了這份投入感，往往會令評論人忘記了最基本的一點——受眾的感覺才是關鍵所在（一再強調，在色情文化這個問題上，身體最誠實）。

而在色情文化這方面，受眾的口味有其特殊性。舉一個例：色情刊物有對應季節、時節的針對性安排；在十二月的那一期，會搞聖誕主題。究竟受眾會否因為看見裸女、裸男戴上聖誕帽（或背景是聖誕裝飾）而特別興奮，這不得而知，但這樣的招數應有一定的效果（至少能在聖誕期間引起某種性幻想），否則很難解釋世界各地的色情刊物均有聖誕專號這回事。舉出以上例子的目的，在於説明很基本的一點——這就是對評論人而言毫無趣味或幻想空間的設計，很有可能能夠滿足世上不少聖誕寂寞的心。

這也就是說，要了解一件色情物品，必須由受眾的角度入手。而從這個角度來看，色情物品的潮流更替，是受眾性幻想的歷史記錄。話說上世紀七十年代的香港，曾流行所謂的風月片；它們是情色還是色情，是風月小品還是商業綽頭片，見仁見智。有評論指導演若要賣弄色情，何不在鏡頭之前大灑鹽花，拍大量裸露片段。在我看來，這是事後——甚至是脱離了當時社會文化背景——的看法。現在重看那些風月片，應提問的問題是：為何當年的胡錦、恬妮在鏡頭面前風騷一番，做個性高潮的表情，便可滿足大量坐在黑暗的電影院裏面的觀眾？

同樣道理，我們應該感到好奇的，不是近期那套立體電影本身，而是為何來自內地各省市的觀眾，對此竟會大為興奮。值得研究的是受眾的反應與行為。

另類食經

15.06 2011

到九龍一個老區做訪問，向老闆了解如何經營一間為街坊服務的餐室。老闆在百忙之中細心解釋店內廚房、樓面的每項工作，對各種細節掌握得一清二楚，當中大小事情，都有它的一番學問。在訪問前後的閒聊之中，能感受到他對客人——雖然絕大部分都只是食用那份廉價套餐——的一份關心。所謂服務街坊，價廉物美是看得見的部分，更重要的是從街坊的需要和角度來提供服務，表現出一種對客人（無論富貴貧窮）的關懷和體貼。

在訪問的過程之中，老闆隨意地談到食物素質，笑說這個問題沒有絕對的答案，要視乎服務對象而定。何之謂鹹？何之謂淡？要看客人的背景。老闆為人厚道，沒有親口批評時下本地傳媒所流行的美食節目。但聽過他的一番見解，不難會聯想到那些講飲講食（或識飲識食）的節目，有的憑食家當主持作為賣點，有的則是以「打擂台」式的比賽方式進行，但無論如何包裝，都存在一大弱點。這弱點就是該類節目傾向於將口味絕對化，太急於界定何謂之好食（以顯示主持人、食家、廚神識飲識食），反而忘記了十分基本的一點——如何服務群眾，如何烹調出一份對方會享受的食物。

老闆以家常餸菜「老少平安」為例，笑說這份餸菜的最重要目的，是要小孩子和老人家均覺得容易入口，不用太多咀嚼，但又有益、好味。想得出要煮一份「老少平安」，首要考慮便是方便小孩和老人，以他們的需要、特殊情況（例如老人家咀嚼硬物會有困難）、喜好為先，其他均屬次要。簡單地說，假如一份「老少平安」無法配合小孩和老人的需要，那便失去了準備這一味餸菜的心思了。當電視台的評判、專家們以口感作為評審「老少平安」的標準時，其實反映出他們不了解這份餸菜為誰服務，缺乏對服務對象的照顧和心意。所謂追求美食，最終所為何事？如果缺乏一份對服務對象的關懷，一位廚師能煮出真正的好餸嗎？

聽老闆一席話，明白到怎樣烹調食物，可以體現一位廚師對服務對象的關心（或者就是這個原因，由家人親自下廚烹調的飯餸，無論食材怎樣平凡，也會特別好味）。而從這個角度來看，也會明白為甚麼時下不少講飲講食的節目，其實內容空洞。沒有將服務對象放在首位的節目主持人、名廚、食家所追求的，只是表面的味道、口感、賣相，而不是食物的內涵。

時下本地傳媒所推廣的飲食節目，不單只處處流露出主持人缺乏一種對服務對象的關心，同時更往往自覺或不自覺地將口味絕對化（個別主持、嘉賓樂得以此炫耀一番）、食物形式化。節目裏呈現的飲食文化，只是一些口部咀嚼的活動和食物的消費。這些飲食節目所推廣的食物文化，少了一份對人的關懷。而說來諷刺，這樣的飲食文化風氣，剛好跟傳統的食物文化背道而馳。

英文簡寫的迷思

27.04
2011

「唔好人講你就信！」這句話很有道理。它適用於一般處境；當然，也適用於講這句話的人身上。勸導我們「唔好人講你就信」的人，或者也不能盡信。究竟是「唔好人講你就信」這句話本身不可信，還是講這句話的人不值得信任，這是一個哲學問題，讀者自行參透。

有關的討論源起於現時市面上有不少產品，宣稱添加了一些有益的元素，用後有的令人快高長大，有的能固本培元，有的強化身體抵抗力……差不多可以說是有病醫病、無病補身，總之有好無壞。究竟它們的功效是否如此神奇，不在本文討論之列。事實上，無論我的答案是肯定還是否定，各位讀者亦應注意，「唔好人講你就信」也。

這些產品的宣傳手法不外乎兩種。一是利用科學（或偽科學），拋出一連串英文簡寫，雖然受眾不知它們其實是甚麼東東，但說起來好像有點權威，令人覺得可信。談起英文簡寫，近日母親大人問我：為何近年如此容易取得博士學位？我反問：此話何解？她解釋，嬰兒飲用奶粉可攝取 PhD（磷脂），叫外賣 pizza 則可取得 PHD 的服務（詳情可留意馬路上送外賣的電單車）。當今世上，哲學博士乃最容易獲取的東西矣！

以上爛 gag，純屬玩笑，看官切勿太過認真。好些廣告宣傳中所用的英文簡寫，並非全無根據，而我們也不能怪責有關人士弄虛作假。我覺得最值得研究的，不是英文簡寫的運用（甚至是濫用），而是受眾對此之迷思。何以大家如此渴求種種添加元素？

這連繫到宣傳手法的第二種：受眾的心理弱點。很多商品宣傳（由奶粉、保健或健美食品到化妝品）之所以以添加各種元素作為產品本身的特色及推廣重點，很大程度上是因為有關機構看準消費者的心理——想減肥、健身的人不想做運動；想兒女快高長大、高 IQ 兼聰明集於一身的家長，未有打算要通過長期而細心的互動，來幫助小朋友在各方面都有所發展……

這項心理弱點在於一個「懶」字——但懶惰得來又想快速見效。於是，不少消費者抱着一種「一劑搞掂」的心理，吃奶之餘添加XYZ，可以分外聰明；簡單、經濟、功效快也。坦白説，世界之上，還有甚麼會較這些內服或外敷的劑藥更為方便；一經服用，就算不是藥到病除，亦起碼多了一些保障，應該是（雖然其實並不一定）包冇蝕底。

所以，對很多產品（尤其是即時效果並不顯著，但服後又沒有甚麼明顯反效果的）而言，一點科學包裝（儘管沒有人知道那些英文簡寫的符號所指為何物），針對「一劑搞掂式」的消費心理，真的可以大收「有人講，就有人信」之效。而一經成為品牌之後，它自有一股動力，形成一個勢頭，一傳十、十傳百，打出個名堂來。從此，「有人講，就有人信」了。

明顯地，香港人對於某些所謂的傳統元素十分重視。舉例：結婚要擇日。政府統計處曾發表有關資料，顯示香港人安排結婚的月份，並非隨機分佈（即沒有甚麼特別模式可言，可能就只是方便的日子而已），而是高度集中於當年的所謂好日、吉日的月份。於是，結婚有旺、淡的日子之分。在那些好日子裏，要到婚姻註冊處安排結婚、找酒樓擺婚宴等等，絕不容易。這是大家都知道的事情。而有關的安排並不僅限於選擇吉日；在整個婚禮安排的各項細節之中（除好年、吉日之外，還有吉時。而且還要處理好些避忌，以免引起衝突），處處都可以感受到這一份自覺。當然，有人會認為婚禮安排上的傳統元素，並不完全反映一對新人的思想和喜好。結婚大事牽涉整個家庭及其親屬網絡，需要滿足不同人（也包括朋友）的期望。對各種細節、傳統的重視，可以理解。

但我們知道，婚禮安排只是一個例子。關於生兒育女，同樣也會有很多人要找個好的年份。理論上，所謂好年適宜生小孩之說，沒有甚麼道理。首先，同一年之內有大量嬰兒誕生，總不可能人人都有一條好命。更重要的是，在現代社會體制之內，同年出生的兒童將會安排在同一個升學或公開考試年度裏進行競賽（最慘的是並不只是一次，而是在整個求學階段裏，不斷遇上同一批對手）。在學額沒有增加，而同齡人口上升的情況下，成功率自會下降。按道理，龍年出生的嬰兒在進入幼稚園、升小一，以至升讀中學、參加公開考試、報考大學，都較其他年份出生的嬰兒面對更大壓力。所以，若論子女升學策略，在龍年生小孩的安排（如果真的是精密計算後的結果），肯定不是一個好主意（應該避開而不是投入其中）。不過，話雖如此，每到龍年，例必是生小孩的旺年。或者大部分父母都相信一個好年只會給他們的小孩好運、好命，而忘記了當全年誕生了（如果真有其事）大量特別聰明、精乖的孩子，他們都將會是自己兒女的競爭對手。選擇雞口？還是牛後？各人自有不同的看法。

以上所講，可以說是「大動作」，起碼要做一點規劃，投入資源和時間；至於各種「小動作」，其實也從不短缺。以前，每年農曆新年前後，我見到車站、街頭大量宣傳紅色賀歲內衣的廣告，總是半信半疑，一直認為製造商或代理反正是年終無休地做宣傳，趁大時大節搞點綽頭而已。後來出於好奇，更認真地去做些觀察，發覺大小專門店、零售櫃檯亦統統有應節的安排，掛滿紅色和金色內衣褲。跑到街邊小販攤檔或年宵市場，也有賀年男女內衣褲出售。看來趁新年沖起、求財、想當旺的，絕對不是一個少數。在我們的庶民社會裏，求財求旺，各師各法。

愛好默書的社會

18.12
2013

早上晨運完畢，回家途中會經過兩間小學的校門。差不多每天都會有機會看見這樣的場面：帶孩子上學的家長，口中唸唸有詞，反覆為子女溫習英文串字、默書。而孩子也很認真地將英文字母逐個讀出來，然後看看爸媽的表情，以了解自己的答案是否正確。類似的情景也經常可見於公共交通工具之上——接送孩子返學、放學的家長或家庭傭工，充分利用每一分每一秒，就算在路上也要溫習，絕不浪費時間。而他們所溫習的項目，很多時候也是英默。默書這回事，是小學階段學習生活中的重要一環。

不知何解，我們對默書——中默、英默、背默——特別感「興趣」；數十年前如此，現在也沒有太大改變。所謂沒有太大改變，意思是不少小學依然每星期安排中默、英默，而家長和學生忙於應付，經常要充分做好準備（所以上學途中，在踏入校門之前，還要作最後溫習）。很多學校更會要求家長與學生在家中「預默」，即是說正式於課堂上進行默書之前，還要事先在家中預早默書一遍。如此這般，單是中、英文科的默書，便令全港大批家長、學生忙個不停了。

但究竟默書對學習語文有多重要或有多大幫助，我們卻很少會認真地了解一下。一直以來，默書在小學學習過程中佔上一個重要的位置，而發展下來，也就只有愈默愈頻密，而很少有人提出異議，向默書叫停。很多時候，學校方面還想提高難度，安排背默——還要連標點符號也要背下來，如若有錯，一定扣分。

在學校的立場上，默書的好處是它是一項顯眼的學習活動，到底成效如何，不得而知，但參與者都很清楚地知道，這是一項必須完成的事工。默書給人一種很實在的感覺，而且評分清清楚楚；在家長的立場上，只要充分準備，這項事工不算難以應付。於是，儘管大家都不太清楚，究竟是否需要如此頻密地默書，但結果大家還是做了，而且做過之後，覺得心安理得。默書過後，大家覺得好像做了一些很實在的學習——要準備，有一個過程，而且還有很具體的成績。香港人對學習的理解，就是追求這種實在的感覺。他們看成績，同時更看重有沒有活動督促子女學習。

於是，就算很多學校不再「填鴨」，它們還是要繼續默書。

事實上，只要我們認真點算一下，應不難發覺，在香港我們用了不少時間在默書之上，長年累月，樂此不疲。這種學習方式多年來沒有太大的轉變，不同的利益與考慮，在有意與無意之間，維持不變。可是，真的有需要這樣嗎？在我所見，一般學校在短期之內，不單只難以放棄默書，而且還要繼續大搞。每周固定辦中默、英默，視為認真學習的一種表現。於是，學習英語，變為學懂串字。香港就是這樣奇怪的地方。

香港習慣

19.10 2011

吾友馬家輝早前在他的專欄撰文，論八號風球底下大學宿舍的情況。一些來自內地的學生由於並未熟悉香港社會，不知道在颳颱風的日子，起床後第一件要做的事情，是從媒體查看最新風暴消息。否則，大有可能趕着出門，以為要上學、上班，原來卻是一天颱風假期。沒有查閱最新公共資訊的習慣者，隨時撞板。

上面所講內地生的狀況，並非例外；其他初來埗到的外來人士亦一樣會遇上同樣問題。一位初來香港工作的朋友告訴我：當天跑回辦公室之後，仍未知有八號風球這回事（就算知道，他也不懂得解讀，事關他來自一個沒有颱風的國家），直至早上十時半左右發覺寫字樓空無一人，覺得有點古怪，才開始懷疑當天是否公眾假期（對他來說，近期的公眾假期重陽節也是一個相當奇怪的日子），自己有沒有搞錯。事後他知道原來當日天文台懸掛了八號風球，但他始終並未完全明白應該如何應對，於是仍不斷問人，究竟怎樣可以準確預測颱風是否正面襲港，而當日又怎樣知道那個颱風有多嚴重。對他來說，香港人的颱風觸覺（包括很快能判斷有沒有機會放假一天半天）簡直是天文學專家水平。

坦白說，朋友提出的，全都是很好的問題。我們在香港居住得太久，將很多事情都看待為理所當然，沒有充分照顧外來人士的情況與需要。因為我們習以為常，早已失去應有的好奇（更不會問為何如此這般），於是很少會自問「點解？」。

話說好幾年之前，本地某大專院校發生了一件怪事：事發於五六月的考試季節，一名外國來港的交換生糊裏糊塗地在正式開考之前走進了試場，他既不知道考生不能自行進場，更不了解香港的考試安排有很多規矩（例如考生要按學生編號自行從座位表上找到自己的座位）。在他老家，就算是事關重大的大學入學試，基本上也只要求他們回到自己的中學去參加考試，像香港的中學會考般要到其他學校參加考試，是頗為不可思議的事情。考試當日，試場的工作人員見到一位蓄有鬍子的老外進來，誤以為他是負責監考的外籍教員，於是請他簽到之後，便交他考卷，並請他派發。到正式開考之時，這位考生找到自己的座位坐下來，準備開卷作答之際，場內工作人員慌忙將他抓住，以為他意圖事先偷看考卷，嘗試作弊。當然，由於整件事情太過「無厘頭」，聽過考生解釋之後，發覺純屬一場誤會，小風波就此平息。

香港人不是沒有注意到非港人的存在，但是由於長期習慣了以自己的生活方式為座標，假設我們的做法就是正常的做法、眾所皆知，所以未有想過要多作解釋。就像學校的考試安排、颱台襲港時的應變安排，我們心知肚明的東西，並不等於在港生活的所有人士都一定知道。如何在香港生活、「求生」，或者是一件較我們想像中更為複雜的事情。

早上七時半前的香港

01.01
2014

總覺得，早上七時半之前的香港，跟平日所見的香港社會，不太一樣——它很安靜、不急躁；身處其中的人（不論國籍、種族、性別、年齡、階級）對很多東西都沒有太大所謂、不太計較。那可能是因為尚未閱讀當日報章，又或者電台的評論、「烽煙」節目亦未開始廣播，大家清早起來，只有平常心一顆，按習慣和直覺來處事待人，一切都很簡單，沒有甚麼大道理，也沒有不必要的東西。早上七時半之前的香港，很有可能是最香港的香港。

早上七時半之前所見到的、感受到的，是香港生活、文化中令人覺得舒服的元素；它們並沒有消失，只是今時今日我們要去尋找、搜索、發掘。而那些生活元素在早上七時三十一分之後，會逐分鐘變淡，在現實的環境裏很難維持。不過，尚好的是，到了翌日清晨，它們又再回到我們的生活之中，給我一陣平靜。

近月每天早上都到海濱公園步行，作為輕鬆的晨運。多少是因為大部分在海濱公園的人都是晨運客，儘管互不相識，但彼此之間表現得友善、客氣。他們有的三五成群，有的單獨跑步或做體操，各有自己的空間，在不影響他人的情況下自由自在地在海濱公園裏活動一下。對很多人來說，這似乎是輕而易舉的事情——你有你的，我有我的，何來難度呢？

海濱公園在港島主要公路之一的東區走廊的旁邊，就在維港海邊。但這就是說，它的空間大小與佈局，基本上是受到公路原來的設計，以及海旁的一些公用服務的設備（如煤氣檢管站、海水抽水站）所支配。從某個角度來看，海濱公園的出現是有關當局善用空間；而從另一個角度來看，則它是社區發展過程中留下來的「剩餘物資」，受制於種種早已存在，並佔用了某些重要位置的裝置，而不是先有海濱休閒空間的概念，以它為主，其他設備和需要作出配合。以海濱公園本身為例，它的中間有一小段路，就因為邊上設有煤氣檢管站，因而既曲且窄，設計並不完善；要同時讓兩位跑步人士經過，其實是有困難的。現在的安排是在這段路安裝了「魚眼鏡」，方便使用者注意往來人流，減少發生碰撞的機會。坦白說，這樣的安排並不理想。而我可以想像，若然發生意外，這大概會演變為一宗議員要追究徹查，而傳媒亦一定要找個政府部門來負責的新聞。但現實是：每天有大量晨運、跑步人士經過該段路，每人都提高警覺，讓別人有足夠空間走過；照顧一下他人的需要（例如彼此都不佔路中，而是靠邊走過），大家便可以在相當狹窄的空間裏，共同享用海濱公園的設施。基本上，經過的人都是真正的用家，大家樂於互諒互讓，不會因為一些不足，而破壞了晨運的興致。

早上七時半之前的香港，是每個人做好自己，也照顧一下別人的好社會。每天有二十四小時，當中有一至兩小時的好社會時間，這也不錯了。

後記

23.03
2016

忽然想起，原來已經多年未有現場在電影院排隊購票入座了。原因當然跟電影賣座，隨時遇上戲票售罄而覺得掃興無關。以今時今日的電影市道而言，鮮有出現預售三天、七天，而影迷一早前往排隊購票的場面，到戲院看電影，很少會遇上全院滿座的情況。在一般情況下，電影開場之前十分、八分鐘抵達，成功購票入座（順便還可購買零食）的機會甚高。不過，話雖如此，近年我還是比較喜歡通過電腦在網上購票，免得需要現場排隊。

問題不在於排隊本身，而是今天我們的電影觀眾當中不少是相當有趣的人士，簡單的一個購票動作，隨時花上十分、八分鐘的時間；只要有兩位這類電影觀眾排在前面，則就算早到半個小時，亦要在開畫三五分鐘之後，才能進場看電影。這類觀眾的特點，是他們很照顧家人、朋友的需要，每次見到電影院的座位表之後，都會很認真地考慮究竟這些座位會否太前（或太後）？角度會否偏斜？前面座位的人士會否長得太高？後座的似乎是一群年輕小伙子，會否吵鬧？他們思前想後，於是要求看看另外幾場的座位分佈，然後再作決定。而由於事關重大，他們索性現場撥手機跟家人、朋友商量（也有現場向朋友招手，請他們前往櫃檯，從長計議），清楚介紹各場的座位分佈，彼此交換意見和深入研究後，才可以下定決心，買票還是不買。

整個購票過程，隨時需要五至十分鐘。當然，他們都不是插隊之徒，只是充分利用可以享有的機會去作出（可能在他們眼中是非常重要的）英明決定，旁人實在沒有甚麼說話好講。

從此，我改用電腦購票。作為喜歡電影的人，總覺得錯過了任何一部分，就等於未有由頭到尾細心欣賞一套電影。

但不知道是甚麼原因，類似上述的情況，近年亦不時見諸便利店、超級市場的購物過程之中。有時候，就算在快餐店也會遇上這類情況——「服務員，套餐可以改動嗎？」大家千萬不要誤會，那些決定在「千軍萬馬」的超市中，慢慢從錢包尋找兩角零錢，又或者發現原來要買夠三包紙包飲品才有特價優惠的（於是，「請等等，我要到後面多拿一包！」），並不是觀光遊客或新來港人士，他們是普通市民。只是他們的慢活生活方式，對我來說是有點陌生。

我在六七十年代成長期間，身邊的成年人很緊張我們會否阻礙別人（無論是蹲在路旁綁鞋帶或停下來認清方向）。阻人是一件大事情，絕不是說句「不好意思」便可以以為甚麼都沒有發生。在高密度的環境裏，一舉一動都需要先看看周邊有沒有其他人，以免對人造成阻礙。這個阻人的概念，並不限於地理空間之上，而是也包括了辦事的速度。在那個年代，人口只得四百多萬，其實較現在的少。但由於資源匱乏，分配便成為了一個問題。戲院售票處大排長龍，預售七天的戲票，擠在大堂的群眾豈能容得下某君慢吞吞地選擇座位？在當年的環境裏，做起甚麼事情來，都要小心翼翼、快手快腳；一句「唔該，借歪！」，要立即有所反應。

從現在的角度來看，可能會覺得當時的人缺乏個人權利的意識，明明守秩序排隊購票，那便沒有必要低聲下氣，不充分使用應有的權利——你忍受不了我的慢吞吞嗎？早點來到戲院，排在前面好了。

以上所講，不是誰是誰非的問題，而是態度的分別。

•
•
•

收輯在這本小書裏的短篇都是舊文章，曾在《東周刊》發表。除略作修訂之外，並無顯著的改動。我盡可能不改變原來的觀察和意思，將好些城市文化現象以當時的感覺呈現出來。為此我清楚列明它們刊登的日期，旨在幫助讀者了解當時討論的時間背景。

現在重新看一遍這些短篇，坦白說是有點出乎意料之外——我以為城市生活節奏快速，很多現象很快便會成為過去，而原來的觀察、感覺也會因此而消失，但結果又不完全是這樣。現象是變了，但自己的感覺卻還是跟當初的差不多。朋友笑說：這是反應遲鈍。這可能有其道理，但在很多現象背後，其實有相當多的東西較想像中的穩固。當我們被種種新現象搞得眼花繚亂之際，最需要的可能並不是緊貼最新發展，而是安於後座，保持距離，繼續觀察。

・
・
・

但觀察些甚麼呢？

坦白說，今時今日，環境的確有很大轉變。每天早上翻開報紙（對！我仍然訂購本地報章，還請人每天準時六時將報紙派到門口），娛樂版的消息有一半是看不懂的——影壇金童玉女結婚，新娘子的電影我沒有看過半套。究竟她在電影方面有何成就，我真的不得而知；的而且確，我連她演過的任何一套電影的戲名也說不出來。有人覺得她挺漂亮的，但這跟她作為一個擁有一定知名度的演員（啊啊！或者她只是一位廣告明星）關係密切嗎？不多久，又有另一對金童玉女結婚，由於對他們缺乏認識，我完全無法產生八卦的興趣，於是不能投入有關的娛樂新聞報道之中。在我看來，那兩整版的報道，像旅遊資訊多於娛樂新聞。有時候我會想：是否現在的娛樂新聞記者都忘記了提醒讀者，他們應該從何處認識新聞報道中的焦點人物？

當然，必須承認，像我這類讀者、娛樂新聞消費者，基本上是相當的脫節。在本地電影、電視走下坡的大形勢底下，娛樂新聞的焦點早已轉到其他類型的人物身上。對我來說，現在翻開本地報刊的娛樂版，一半是國際版（我這個人不看韓劇，就等於「自廢武功」，完全無法辨認韓星，誰跟誰發生甚麼事情，就很難跟得上），三分之一是報道所謂的名媛的甚麼甚麼（完全不明白她們的消息有何值得留意的地方），翻得兩翻就索性不再讀下去。

跟年輕朋友談到這些問題，豈料他們的反應更為強烈——近年本地娛樂新聞有三分之一經常報道久休復出的「老星」、「『史前』電視、電影人物」的消息，同樣看不下去。

現在，連娛樂新聞也再沒有普遍性、一致性，所謂娛樂大眾（又或者大眾娛樂），距離我們的生活愈來愈遠。

這並不是一件壞事，但還未習慣則是千真萬確。

太多「難忘」一刻的年代

呂大樂 ◦ 著

責任編輯　張佩兒
裝幀設計　明志
排　　版　明志
印　　務　劉漢舉

出版　中華書局（香港）有限公司
香港北角英皇道四九九號北角工業大廈一樓B
電話：（852）2137 2338　傳真：（852）2713 8202
電子郵件：info@chunghwabook.com.hk
網址：http://www.chunghwabook.com.hk

發行　香港聯合書刊物流有限公司
香港新界大埔汀麗路三十六號
中華商務印刷大廈三字樓
電話：（852）2150 2100　傳真：（852）2407 3062
電子郵件：info@suplogistics.com.hk

印刷　美雅印刷製本有限公司
香港觀塘榮業街六號海濱工業大廈四樓A室

版次　二〇一六年六月初版

規格　三十二開（190mm X 130mm）

ISBN　978-988-8394-83-8